¿CUÁNDO dejo de ADORAR?

DIEZ CLAVES DE UN ADORADOR COTIDIANO

PACO **COOK**

www.pacocook.com pacoandcindi pacocook@club.coach

¿CUÁNDO DEJO DE ADORAR?
DIEZ CLAVES DE UN ADORADOR COTIDIANO
PACO COOK

Primera Edición año 2016

Edición por:
Del Reino Editores. 3 Sur 5706, Col. El Cerrito. Puebla, Pue.
01 (222) 240 10 38 / segrak@hotmail.com

ISBN: 978-607-7717-39-3

Impreso en México

RECOMENDACIONES

El papá de Paco y yo nos conocimos e hicimos "clic" hace como 30 años trabajando en la obra del Señor en el mismo estado - Michoacán. Ahora hemos continuado la amistad con la familia Cook a través de Paco. Este libro que ha escrito toca los aspectos más poderosos de la alabanza con una perspectiva fresca y con una obvia autoridad en el Espíritu que Dios le ha dado a Paco. Mi oración es que sirva como una gran herramienta en el avance del Reino de Dios en este siglo 21.

REV. JUAN SPYKER
FUNDADOR DE LA IGLESIA MÁS VIDA
FUNDADOR Y DIRECTOR DE LA ALIANZA VIDA ABUNDANTE

Tanto la Alabanza como la Adoración han venido a formar parte de la vida de la iglesia en las últimas décadas. Se ha estado hablando de que vienen a ser un estilo de vida. Y sin embargo el contenido de tan profunda frase y pensamiento no ha sido suficientemente explicado. De ahí que estoy convencido de que se necesita todavía mucha pedagogía en la iglesia para poder ir a otro nivel tanto de profundidad como también de eficacia que podemos alcanzar en la vida como adoradores.

Al poder ver lo que mi buen amigo Paco Cook ha descrito a lo largo de este libro, no puedo más que dejar que me embargue una gran satisfacción, como también alegría, pues estoy convencido que desde su corazón de adorador, ha sido capaz de entender principios y claves para hacer de la Alabanza y la Adoración algo más que el relleno de reuniones cristianas, o la preparación de sermones que a menudo no están en absoluto conectados con el ambiente que se genera cuando los corazones nos rendimos ante la gloriosa Presencia de nuestro amado Señor y Salvador. Y permitimos que Su Santo Espíritu haga lo que nos fue anunciado que haría, tanto "enseñarnos todo lo de Él" como llevarnos a "Él me glorificará".

Este libro **¿CUÁNDO dejo de ADORAR?** de mi amigo Paco nos va a ser muy útil en la medida que lo tengamos tanto como una lectura inspiracional, como también como un manual para darle el mejor funcionamiento a estos que fuimos "creados para la alabanza de Su Gloria". Y no sólo para personas que tienen su asignación indicada a la alabanza, o a algún ministerio en concreto, sino que la lectura será de gran beneficio a cualquier persona que sea consciente del anhelo que tiene Dios nuestro Padre de ser adorado tal como Él nos anda buscando, para que lo hagamos "en espíritu y en verdad".

Gracias, Paco, por dejarte usar y también por tu valentía y poner en este volumen todo aquello que has ido viviendo, pues me consta que estas no son letras que matan, sino que detrás de las palabras de este libro hay "Espíritu que vivifica". Aquí ya has comenzado a ir dejando huellas de tu legado. Te aprecio.

FRANCISCO GARCIA RODRÍGUEZ
MASTER COACH, MIEMBRO FUNDADOR DEL JOHN MAXWELL TEAM
CONFERENCISTA INTERNACIONAL
APÓSTOL FUNDADOR DE IGLESIAS NUEVA VIDA

Conozco a Paco desde que era un joven niño. Fue criado en un hogar de Dios, cristiano por su padre y madre, ambos misioneros. He sido testigo de su profundo compromiso hacia nuestro Señor y Salvador. He sido un mentor para él, y ha ministrado en mi iglesia y en mis congresos en diferentes lugares de los EEUU. Es un ministro dedicado, esposo y siervo de la Iglesia. Te animo a que leas su libro con la total seguridad de que Paco es un hombre de Dios, que sigue a Jesús.

DR JAMES R. WRIGHT JR.
PASTOR FUNDADOR DE LA IGLESIA MARANATHA FELLOWSHIP
PRESIDENTE DE LOS MINISTERIOS WRIGHTWAY MINISTRIES INC.

Las Escrituras son muy claras cuando hablan de uno de los grandes propósitos de nuestra creación y nuestra reconciliación por medio de Jesucristo..."a fin de que seamos para alabanza de su gloria" (Efesios 1:12).

En este libro, Paco Cook, uno de nuestros hijos ministeriales y quien actualmente desarrolla junto a su esposa Cindi (mi hija) un ministerio pastoral de gran influencia e impacto para la iglesia, no sólo local, sino universal, hace al cuerpo de Jesucristo una poderosa contribución con verdades profundas y actuales con respecto a la Adoración. Si hemos de justificar el propósito de nuestra vida, este libro, **¿CUÁNDO dejo de ADORAR?**, deberá ser parte de mi biblioteca preferida.

APÓSTOL ROY N. KANTÚN BELTRÁN
PASTOR FUNDADOR DE LA RED DE IGLESIAS CENTRO CRISTIANO RESTAURACIÓN DE MÉXICO

Conocí a Paco bajo una gran unción de Dios, y siempre he observado en él un Espíritu de Alabanza que le hace un adorador y un predicador fervoroso. Sus mensajes son de gran bendición para todos aquellos que aman la palabra de Dios.

Creo firmemente que este libro será de gran utilidad para los maestros y amigos del Espíritu Santo. El estudio profundo de la Palabra de Dios nos fortalece para horas de gran lucha. Aquellos que toman del cáliz de Cristo hacen la voluntad de Dios. El enemigo busca brechas, pero lo vencemos en el nombre del Señor. Lo echamos ahora mismo al Abismo. Porque la victoria es nuestra en el Nombre del Cordero.

Agradecemos a nuestro Dios por la vida de este hombre de Dios y oramos para que esta obra sea de gran bendición para nuestras vidas.

DR. ALDERY NELSON ROCHA

Conozco a Paco desde hace ya algunos años y he visto ese "Brillo" arder en sus ojos, una chispa que hace compartir con pasión algo que Dios le ha mostrado y que lo ha cambiado.

Este "Brillo" es lo que encuentro en estas líneas que DEFINITIVAMENTE NOS HARÁN REFLEXIONAR.

De entre cientos (si no es que miles) de libros que por todo el mundo hablan de un tema que es común a muchos, despreciado a otros, se levanta un diálogo sincero desde un corazón sincero, que nos lleva a una plática abierta entre amigos, con un enfoque diferente.

A través de su estilo fresco, amistoso y coloquial; el autor con un corazón transparente y una vida forjada en la adoración diaria comparte con nosotros principios y verdades sobre un tema del que siempre necesitamos aprender y seguir creciendo.

Rompiendo los moldes, tanto tradicionales como no tan tradicionales, pero al fin moldes, el libro "¿Cuándo Dejo de Adorar?" de Francisco "Paco" Cook nos adentra en conceptos y perspectivas poco convencionales sobre la Alabanza y la Adoración, que, desde este enfoque, pierden esa muy convencional separación entre la música rápida y estruendosa (definida como Alabanza) y la música lenta y suave (definida como Adoración).

Este libro entrega una perspectiva plena y extravagante, a la altura de lo que hemos sido hechos y lo que nos ha sido dado en Cristo; eliminando las estructuras limitantes a la expresión libre del corazón delante de su Señor y Salvador.

Esto es lo que Paco en esta ocasión, a través de este reflexionar, nos entrega por medio de este volumen.

Atrévete a entrar en una dimensión de alabanza y adoración que no habías experimentado, siendo guiado de una manera práctica por el autor.

LIC. FELIPE DEL CASTILLO
DIRECTOR GENERAL DE TRIGO Y MIEL A.C.

DEDICATORIA

A mi familia Centro Cristiano Restauración (CCR) de México, que desde el año 2008 me ha abrazado y mostrado lo que es el amor de Jesús, el Cristo. Han sido una parte crucial para mi desarrollo como ministerio y como persona.

www.ccrdemexico.org

AGRADECIMIENTOS

Gracias primeramente a mi Señor Jesús, mi Salvador.

A mi esposa Cindi, hoy soy quien soy gracias a que ha estado a mi lado todo este tiempo ayudándome e impulsándome.

A los jóvenes de Iglesia Juvenil CCR, que sin duda han jugado un papel extraordinario en la inspiración de mi superación como predicador, líder y escritor durante cada una de las clases de ADN que hemos tenido.

www.iglesiajuvenil.org

A mis suegros Roy & Martha Kantún, que me han dado el mayor ejemplo de un siervo de Dios digno de imitar y han sido una importante fuente de formación para mi vida.

A mi amigo el pastor Omar Herrera, quien me dio el impulso final para hacer posible este material y con su experiencia aportó significativamente para su realización y finalización.

A mi amigo el pastor Iván González de Centro Cristiano Peniel Cuautepec por su sensibilidad al Espíritu Santo colaborando para la realización de esta herramienta que hoy tienes en tus manos.

PRÓLOGO

Qué increíble es el mundo de la fe. Cuando pareciera que todo está dicho, irrumpen en la escena de nuestros monótonos costumbrismos, revelaciones y descubrimientos frescos, contemporáneos y absolutamente pertinentes y necesarios. Ese es el caso de la adoración a Dios y su práctica responsable e inteligente. Adorar, que así como nos es absolutamente necesario como seres creados, también en esa necesidad, se esconde un riesgo: *El que de tanto hacerlo lleguemos al punto de olvidar por qué lo hacemos.*

Cuando comencé a leer a Paco, en este su primer libro, rápidamente sospeché que estaba iniciando la lectura de un muy buen libro, de esos que destilan autoridad por el solo hecho de que su autor es tanto un adorador, como un pastor que carga encima años de comprobada y bendecida experiencia en el asunto.

No leí "una opinión" acerca de la adoración de este novel escritor, en todo caso tuve su permiso para leer una porción de toda su vida entendida como servidor y adorador del Dios que predica, pero con la marca irrepetible de Paco Cook: frescura, amenidad, profundidad, desenfado, atrevimiento, confrontación y docencia.

¿Qué hacer cuando la adoración personal y aun congregacional se torna activista, aburrida y sin sentido? Usted tiene en estas páginas una respuesta autorizada. Es que Paco no solo escribió un libro, sino que acaba de iniciarse como escritor y qué mejor que el tema elegido sea uno que tiene que ver con lo que es su pasión: Adoración y servicio inteligente a Dios.

¿CUÁNDO dejo de ADORAR?, no podía ser más adecuado el título. El poder de la Palabra, el peso de la demanda de Dios para adorarle según sus requerimientos, la comprensión inteligente de que no es "como quiero y se me ocurre" sino como Él ya lo ha indicado, y las marcas de una adoración irremplazable moldeando la vida diaria del que la practica se despliega libre ante nuestros ojos en estas cautivantes letras.

Paco Cook maneja y muy bien el relato, al exponer de manera clara y contundente una muy necesaria combinación: *Adoración definición - Adoración estilo de vida.* La describe con acertada pericia, al punto de hacernos parte de ellas. Su habilidad en la construcción de las ideas, algo desconocido en los que se inician, regala pinceladas de sabiduría fácilmente detectables, algo propio de aquellos que simplemente escriben lo que viven y cómo lo viven.

Tengo el honor de conocer hace ya unos años a Paco, y leer su escrito me llena de satisfacción, toda vez que no leo lo que inventa y vende, sino lo que es y transmite. Eso hace que a lo largo y ancho de las letras de este, su primer libro, sea fácilmente perceptible una palabra que escasea por estos días: Compromiso. Él está intencional y necesariamente comprometido con lo que escribe. Para bien o para mal. Para que lo eleven o lo quieran sepultar, ese es Paco, un apasionado por Dios y un inteligente protagonista de la fe responsable que quiere que las generaciones que le van a continuar jamás dejen de adorar.

Algo muy notorio en todas sus páginas es el altísimo valor que Paco concede a las personas, colocándonos a nosotros como lo que somos y nunca dejaremos de ser: Puentes para que ellos adoren a Dios. Créanme que en un mundo donde las personas valen por lo que tienen y no por lo que son –creación de Dios- este gesto de Paco es un viento fresco y oxigenante. Él no es mezquino, ni aun pretende ser correcto para dejar feliz a todo el mundo y ganarse sus aplausos. Lo dice todo y como lo percibe y practica, y eso dota a su primera obra de una justificación muy sólida como para entonces leerla toda.

Me agrada finalmente eso propio de su vida y que tiene que ver con el disfrute. La vida por sí misma se tiene para ser disfrutada. Pero lejos de que ese disfrute se entienda como vergonzoso libertinaje, nos contagia con la pasión de ser feliz en todo lo que se hace y propiamente en el servicio a Dios, que ya ha sufrido bastante con esa idea de que ser espiritual es igual a aburrimiento y desaparición de risas, sonrisas y carcajadas.

Paco Cook no escribió un libro, definitivamente es un escritor, por eso me animo a decirte que no obtuviste un libro, sino que te has llevado a casa su consejo autorizado de eso que debes hacer para jamás el título de esta obra, **¿CUÁNDO dejo de ADORAR?**, te incluya y te defina.

Así que llegado el día que la iglesia en todo el mundo reclame sus libros, su servicio y su sabiduría, mantendré el pequeño y escondido orgullo de haber hecho un prólogo de su primer y reconfortante libro.

OMAR HERRERA
PASTOR - ESCRITOR

CONTENIDO

¿QUÉ ES LA ADORACIÓN?

El poder de la alabanza se ha manifestado en los últimos años. Su Presencia en muchas congregaciones ha cambiado totalmente la perspectiva de adorar al Señor.

Escribir sobre este tema no está de más. Nunca agotaremos la posibilidad de recibir nueva revelación sobre el tema. La alabanza es tan infinita como Dios mismo, y tan profunda que jamás nos cansaremos de alabarle.

La posibilidad de alabar y adorar a nuestro Dios de una manera espontánea, libre y por sobre todo con fundamentos respaldados en su palabra, nos ha dado por resultado congregaciones enteras que han sido introducidas a la Libertad del Espíritu, con el consiguiente resultado de la manifestación de la presencia del Espíritu Santo y sus dones.

El poder cantar, danzar, aplaudir y expresar nuestra gratitud al Señor mediante gritos de júbilo ha cambiado totalmente la mentalidad de adoración de las nuevas generaciones de creyentes, y nos lleva a una dimensión de comunión con nuestro Dios que satisface las demandas de un alma, de un espíritu que se funde con su Dios mediante un canto de júbilo o de adoración.

Todo lo anterior no es parte de una estrategia eclesiástica para tratar de mantener contentos a los miembros de nuestras congregaciones. Lo anterior es el mismo corazón del Padre que anda en busca de verdaderos adoradores, que le adoren en espíritu y en verdad (Juan 4:23, 24).

Y ahondando más en el tema, puedo decir, sin temor a equivocarme, que hemos sido creados para ser instrumentos de alabanza para nuestro Dios.

Qué profundidad de revelación cuando en Efesios 1:3-14 descubrimos que:

1. Dios el Padre canalizó su atención en nosotros de una manera gloriosa: Nos bendijo con toda bendición espiritual, nos escogió desde antes de la fundación del mundo, nos predestinó para ser adoptados hijos suyos por medio de Jesucristo, solo con el fin de que fuéramos PARA ALABANZA DE LA GLORIA DE SU GRACIA. (Efesios 1:3-6).

2. Que toda la obra redentora de Jesucristo a nuestro favor, la redención por su sangre, el perdón de nuestros pecados, la manifestación de su Gracia, el poder conocer sus planes de reunir todas las cosas en Cristo y darnos herencia en los cielos concluye con un fin glorioso para nosotros: A FIN DE QUE SEAMOS PARA ALABANZA DE SU GLORIA. (Efesios 1:7-12).

3. Y para cerrar con broche de oro, se nos revela que al haber recibido el evangelio de nuestra salvación y habiendo creído en Jesucristo, fuimos sellados por el mismo Espíritu Santo, y destinados PARA ALABANZA DE SU GLORIA. (Efesios 1:13,14).

Qué glorioso destino para todo aquel que ha creído en Jesucristo… poder estar ante su Presencia por toda la eternidad. Contemplar su gloria, verle como Él es, ser transformados a su misma imagen y permanecer embelesados ante su gran trono, sin límites de tiempo y espacio, por toda la eternidad cumpliendo el gran propósito divino para cada uno de nosotros: SER PARA LA ALABANZA DE SU GLORIA.

F. RAFAEL SALINAS SUÁREZ
FUNDADOR Y PASTOR DEL CENTRO CRISTIANO PENIEL

INTRODUCCIÓN

Es sencillo escribir letras que al parecer carecen de un valor aplicable, y a veces nos enfocamos más en las de valor cognoscitivo, esto es porque este mundo nos empuja cada vez más a aprender letra que a aplicarla (2 Corintios 3:6), pero no son los que oyen, o los que estudian los que hacen la diferencia, sino los que actúan (Romanos 2:13, Santiago 1:22-25), por eso escribo esto, para regalar unas líneas que provean una diferencia en el lector, o, antes bien, que provoque una acción nueva que probablemente será diferente a la que siempre usamos o actualmente tenemos. Alguien me dijo una vez que los escribas hablaban de lo que habían leído y estudiado, pero los profetas hablan de lo que han visto (1 Juan 1:1-4).

Cada vez que repetimos lo mismo, recibimos el mismo resultado; como aquella canción infantil: "dos y dos son cuatro, cuatro y dos son seis"... y así sucesivamente, pero si en lugar de continuar subiendo la multiplicación repitiéramos constantemente dos y son cuatro, así como un disco rayado... creo que el resultado siempre sería cuatro.

El día que nos atrevamos a hacer algo diferente, ese día veremos algo diferente.

Existe una actitud que puede oscilar entre lo negligente y lo indiferente. Personalmente, considero que ambos lados son bastante peligrosos y extremadamente destructivos, mucho más cuando coexisten.

No busco que este libro te enseñe a cantar notas altas, bajas, o a buscar una motivación nueva para que seas un gran adorador o salmista. Tampoco te diré que cantar en un ritmo veloz, por así decirlo, es alabar; y cantar en un ritmo lento y solemne, es adorar. No intento llenarte la cabeza con información que es muy fácil encontrar en un instituto de música cristiana, o en algún libro que tengamos guardado en el estante. Mi deseo es que vayamos más allá de nuestro conocimiento y expectativas, que le demos una mirada al cielo y apliquemos: ***"Como en el Cielo, se haga su voluntad en la Tierra"*** (Lucas 11:2).

Quizá el pequeño Pastor de ovejas, antes de ser el *"Gran Rey David"*, tuvo la oportunidad de mirar, solo un poco, la manera en que se hacían las cosas en el cielo, y por eso cuando lees en la Biblia el tipo de adoración que ofrecía, te das cuenta qué tan adelantado estaba a nuestra época actual en este ámbito (1 Crónicas 13:8, 16:6, 2 Crónicas 5:12-14).

Tengo el deseo de que juntos emprendamos este viaje a descubrir un misterio que va a trascender mucho más allá de "suprimir estrellas" de la alabanza o crearlas, o cualquier orgullo que surge cuando ministramos, ya que a veces perdemos el enfoque, y en vez de buscar el trono de Dios y su Presencia, nos infatuamos en buscar a quienes quieren brillar para eliminarlos.

Por otro lado, creo que lo que hacemos en privado tiene una gran repercusión en público, y eso, mi querido lector, se llama ¡Ser famoso! (Mateo 6:4, 6,18). Piénsalo un instante, si nadie te conoce, cómo esperas que honren al que tú conoces, si es que le conoces de verdad, quiero decir, si es que pasas tiempo con Él. Y abundando en este pensamiento, te digo de una vez que no intento incitarte a que busques la fama, sino a hacer famoso al que vive en ti.

El conocimiento literal no te llevará a tener una relación más cercana con nadie, por el contrario, sólo hará que creas que ya lo sabes todo y que nadie te puede enseñar o que todo lo haces bien y nadie te puede ayudar.

Tampoco pretendo con esto, aunque lo creo sinceramente, solamente determinar que adorar es con *"tu estilo de vida"*. Si eres hijo de Dios, la adoración es tu vida (Efesios 1:6). Estoy convencido de que podrías predicar con pasión, y ver cientos de personas venir a Jesús, pero si no sabes adorarle personalmente, no creo que nuestro Señor esté más complacido por nuestros hechos, ya que Él lo puede hacer con nosotros o con alguien más, pero adorar es algo que tú decides hacer, experimentar y vivir.

Yo pregunto, ¿será posible que pongamos toda nuestra energía para lograr una mejor adoración?, recuerda que la energía no se crea ni se destruye, ¡sólo se transforma y se transmite!

Ah, ¡ya encontré la clave!, solamente hazlo bien (Salmos 33:3), de la mejor manera posible para que sea más honorable y llegue al cielo. Pues te diré que conozco ya bastantes músicos, grupos de alabanza y adoradores que hacen música muy profesional pero el cielo permanece cerrado.

Oh, quizá oremos antes de adorar para que las ventanas de los cielos se abran y haya un ambiente predecible de adoración, más bien creo que a eso le podríamos llamar misticismo, las ventanas de los cielos se abren cuando entregamos materialmente y sinceramente lo que le corresponde a Dios, no cuando pedimos determinado ambiente (Malaquías 3:10). No pretendo con esto decir que no lo pidas, antes bien, que seamos eficaces al pedir. *"Orar es algo que pedimos para nosotros, alabar proviene del gozo que hay en la familia de Dios, pero Adorar es sólo para nuestro Señor".*

Creo haber leído alguna vez que los discípulos dijeron, "auméntanos la FE" (Lucas 17:5), o ¿podrá ser que dijeron "auméntanos nuestro tiempo de oración"?, también estoy muy seguro que dijeron "enséñanos a orar" (Lucas 11:1), o ¿será que dijeron "enséñanos la FE"?, creo que a alguien se le ocurrió decir "muéstranos al Padre y nos basta", aunque no recibió la respuesta que esperaba (Juan 14:9-11).

Se dice, enséñanos a orar y auméntanos la Fe, ¿no?

Yo te pido, amado Espíritu Santo, ¡enséñanos a adorar a Jesús! Para que cumplamos con el más grande propósito por el que especialmente fuimos creados, que es adorar, realmente adorar.

Si no sé disponer de mi tiempo para levantar el nombre de nuestro Señor en adoración, entonces no sirvo para el propósito fundamental para el que fui creado y no importa qué tanto haga fuera de eso.

Estoy seguro de que muchas veces nos veremos muy desilusionados de no recibir la respuesta que queremos, en el momento que la queremos, debido a un rotundo ¡NO! De parte de nuestro Dios, que podría significar, ¡por ahora no!, ¡paciencia!, le tomó muchos años a Moisés ser el hombre más manso de la tierra (Números 12:3).

Ahora, ¿si es que a la carne, en el mundo, se le puede dar desmedidamente, con toda la tecnología, los medios y personas de determinados conocimientos, experiencias y grados escolares, como es que a Dios no se le puede dar todo y con todo? Creo que hay quienes buscan tener muchos títulos y grados, pero poca temperatura.

Te invito a disfrutar de esta travesía que sin duda resolverá muchas de las preguntas que luego surgen en nuestro viaje tan efímero en esta tierra.

Pero sabes, Él nos creó, nos escogió para alabanza de la gloria de su gracia (Efesios 1:6). Esto no significa que en el cielo estarás tocando una singular arpa, o levantando las manos por la eternidad, porque estoy seguro de que reinaremos también con Él, y el tema del Reino lo tocaremos en su momento en este libro (2 Timoteo 2:12).

Pretendo, consecuentemente, que comprendas la necesidad de moverte dentro de la presencia de Dios, y llevar a otros contigo.

Hablemos de dirigir al pueblo, como diría un buen amigo mío y gran hombre de Dios, "el pueblo es pueblo y el diablo es diablo". Digo esto porque me queda bien en claro que es mejor dar que recibir, y con respecto al servicio, o culto, o reunión, o como sea que le llames a la *Ekklesía*, es importante señalar tres cosas básicas que hacemos: alabanza y adoración, honra financiera, recibir la palabra. Si te das cuenta, dos de ellas se refieren a dar, o sea, lo único que nosotros recibimos es la palabra y, obvio, la bendición de estar en su Presencia, sanidad, etc... Pero si nos referimos a la práctica del servicio de cada domingo desde el punto de vista humano, sólo recibimos una parte de tres, ya que la honra financiera la entregamos, y la alabanza también la entregamos. ¡Sí! Aunque ministres la alabanza, debería darte vergüenza faltar a dar lo que le corresponde al Señor monetariamente, así que la próxima vez que se venga el tiempo de la ofrenda ten iniciativa y prepárate desde antes para ese momento tan especial, y puedas dar ejemplo al resto de la Iglesia. He visto en muchas ocasiones que a la hora de dar, los miembros del equipo de alabanza solo se quedan mirando cómo la gente da, y por fortuna prepararon una canción especial que les cayó genial a aquellos que no pasaron a entregar sus contribuciones ya que mejor se pusieron a "Alabar".

Lo que sigue a esta introducción es el tema de ofrecer alabanza y adoración a nuestro Señor, y en esta parte muchos fallamos al querer acomodar a las personas, debido a los gustos, basados en las tradiciones y trasfondos religiosos preconcebidos. Es que no se trata de forzar al pueblo a que haga lo que ya sabes que es lo apropiado, no tendremos nunca la misma revelación y difícilmente la tendremos al mismo tiempo, pero tampoco se trata de ser pasivos con la administración de la alabanza, y permitir una adoración perezosa, basada en los gustos de seres humanos.

Muchos se enfocan solamente en el hecho de no darle gusto a la gente, y otros en el hecho de solo darle gusto al pueblo.

Debes conocer al pueblo, debes amar al pueblo, entender de dónde vienen, tener misericordia de quienes debes tenerla y ayudarles a dar el siguiente paso.

SE TRATA DE DIGNIDAD

Dignidad va más allá que rendir un culto,
un momento o momentos "especiales",
es más que un canto o fluir de adoración,
tocar una nota nueva en un canto,
o ejecutar un instrumento de viento
cuando nunca lo hemos hecho.

Recientemente leí una porción en la Escritura donde el Señor dice: "Yo honro a los que me honran" (1 Samuel 2:30). Y quedé impactado de la profundidad de este verso, quiere decir que si yo no estoy dispuesto a darlo todo por mi Señor, a ofrecerme como sacrificio vivo, santo y agradable (Romanos 12:1), ¿de qué manera espero que mi Señor me honre? Y luego nos preguntamos por qué no sucede nada mientras ofrecemos Alabanza y Adoración al Señor.

Él lo entregó todo por mí, ya lo hizo, y no me refiero a que hay una cuota o cobro para acudir a su Presencia, lo que digo es sencillo, y te lo pongo fácilmente de la siguiente manera: invita a cenar a algún amigo en un puesto de gobierno por una semana, y cada noche ofrécele el mismo platillo, el exacto mismo platillo, y créeme, que aunque no te diga nada, no querrá volver a comer en tu casa después de la segunda cena. Ya sé que no lo harías, pero por qué al Señor siempre le queremos dar lo mismo, aparentando creer que le gusta lo que le damos, y entonces, por su misericordia y la devoción de muchas personas dentro de la congregación que a veces no son quienes dirigen, Él se manifiesta (Malaquías 1:13).

Te doy otro ejemplo, supongamos que tienes una necesidad, y que solo el gobernador de tu estado te puede ayudar, entonces sacas una cita con él, esperas el tiempo y cuando por fin se cumple tu cita y logras estar delante de él, todo lo que haces es pedir, pedir y pedir. Quizá te ayude una primera y última vez, y aunque insistieras después, quizás hasta te evite y sepa que lo único que quieres es pedir y pedir. Quieres la unción, quieres que descienda su gloria cuando cantas o ministras, quieres que sanen enfermos y que haya libertad, pero se te escapa algo tan sencillo, trillado pero no obrado; es el asunto tan pequeño, aparentemente, de las relaciones.

Si dedicaras tiempo a conocer a tu gobernador, si cada vez que lo ves, en lugar de pedirle algo le ofreces algo, si tan solo tuvieras una causa en común con él. Quizá no tendrías que hacer cita para verlo, nada más hablarle al móvil y te respondería al instante. Cuando te vea, te preguntará: "¿Amigo, qué deseas?". Por favor, no me digas que hiciste todo el esfuerzo de crear una relación tan buena y fuerte como para pedirle un burro de carga cuando lo que necesitas es un avión. Recuerda que puede darte mayores cosas que un burro.

Cuánto más cuando creamos una hermosa relación con nuestro Dios, ¿no estará Él dispuesto a proveer e invertir en nosotros mayores y mejores cosas? (Efesios 3:20).

La palabra inglesa "Worship", que en español es "Adoración", proviene de la palabra "Wordship", cuyo significado es simple: "DIGNIDAD" (Salmos 18:3). A veces te sentirás indigno de innumerables galardones o, si quieres llamarle, libertades; y es normal, como el hecho de tener el honor de levantar tus manos, aplaudir, danzar, hablar de las maravillas que ha hecho el Señor por, en y a través de nosotros. En ocasiones rehusamos de los dones espirituales con el pretexto del famoso dicho "hacer las cosas en orden", cuando verdaderamente queremos decir que no aceptamos en totalidad las cosas como Él las quiere y que tenemos una preferencia o gusto. Y por supuesto el dicho común de que los milagros, los dones y las maravillas del Señor solo estaban destinadas para el tiempo en el que fueron escritas, en ocasiones lo hemos dicho, y con mucha razón, porque no creemos que Dios lo puede hacer a través de nosotros y mejor nos refugiamos y enfocamos en los asuntos o ritos que parecieran más del alma y emocionales; y no lo juzgo, porque estamos conformados por Espíritu, Alma y Cuerpo, y esa parte de nuestra alma y cuerpo tienden a veces a estar más conectadas a nuestra naturaleza terrenal que a la espiritual. Deberíamos ver y vivir el mundo espiritual por lo que realmente es, no por oraciones largas e indirectas, la palabra de Dios nos enseña que la oración eficaz del Justo puede mucho.

El Espíritu Santo me hace adorador.

Veamos un ejemplo claro, muchos dicen que recibimos un don del Espíritu solo si Dios nos lo da, pero dice su palabra que ya nos los dio (Hechos 15:8), ¿entonces por qué no los vivimos? ¡Es porque no tenemos la fe para creer que los tenemos!

He aquí les doy potestad para hollar serpientes y escorpiones (Lucas 10:19), esto es metafórico y se refiere a demonios, pero más adelante dice, ¿Quién de ustedes si su hijo le pide pescado, le dará una serpiente, o si le pide un huevo, le dará un escorpión? Si ustedes que son malos saben dar cosas buenas a sus hijos, cuánto más nuestro Dios no nos dará el Espíritu Santo si se lo pedimos (Lucas 11:13).

Si le pedimos el Espíritu Santo, Él nos lo dará, porque Dios no te va a dar un demonio si le pides su Espíritu.

Ya sé que me vas a decir: ¡Ah pero ya tenemos el Espíritu Santo, desde que le recibimos!, ¿estás seguro? Fíjate bien, Cristo se bautizó y entonces descendió el Espíritu sobre Él, en forma de paloma (Mateo 3:16), ¿recuerdas?, no fue en forma de fuego, porque a pesar de que es Dios, estaba en un cuerpo terrenal y esa parte terrenal necesitaba ser llenada del Espíritu Santo, pero Jesús no necesitaba fuego ya que Él es puro, ¡y no pecó! El resto de nosotros necesitamos su Espíritu, y por supuesto, fuego que nos purifique (Hechos 2:3).

Recordemos que una de las funciones del Espíritu Santo en nuestra vida es llevarnos a adorar a Dios (Juan 4:24).

Dignidad no es solamente el hecho de que eres digno para recibir algo como alguien que busca o no galardones.

Cuando la Biblia dice: "Él es digno de abrir los sellos" reitera una parte que denota la razón de esta dignidad: "Porque fuiste inmolado… (Apocalipsis 5:9)"

Ahora la dignidad toma otro sentido, por muchos años a la Iglesia se le olvidó tener presente que Cristo en efecto murió, pero venció la muerte y resucitó, nos enfocamos en lo triste, en nuestros problemas, en nuestra mala semana y día, pero se nos olvidó que es por Él y para Él que estamos vivos y que cada respiro, aun cuando es inconsciente, es gracias a Él.

No sé si te diste cuenta de que "Dignidad" cambia el Yo, Yo, Mí, Me, por: Él, Tú, Él y solo Él.

El Enfoque de Nuestra Adoración

Dignidad va más allá que rendir un culto, un momento o momentos "especiales", es más que un canto o fluir de adoración, tocar una nota nueva en un canto, o ejecutar un instrumento de viento cuando nunca lo hemos hecho. Aunque bien sabemos que inclusive en los Salmos vemos por allí ***una palabra pequeña que significa algo grande y creciente***, un tiempo especial de intensidad musical, "Selah".

Por supuesto que podemos tener un equipo de alabanza y adoración que sabe fluir y que sabe de intensidad, pero el problema es que por lo regular nos basamos en lo que a nosotros nos parece o nos gusta para definir lo que debe ser en la congregación, como si siguiéramos la música del momento, y por consiguiente, en lo individual, muchas personas adoran y alaban pobremente en su tiempo a "Solas con Dios", y así también lo hacen pobremente a la hora de la reunión como familia de Iglesia local.

Tal fracaso es inconcebible, ya no podemos seguir guiándonos por las costumbres y gustos de personas de este mundo, ni por las nuestras. Estas diferencias de gustos es lo que ha separado el cuerpo de Cristo en diversas creencias, denominaciones y religiones. Deberíamos realmente preguntarnos qué es lo que le gusta a Dios que hagamos para Él en ese momento, y si no nos lo dice de alguna forma en nuestro espíritu o en nuestros sentidos, sólo hay que ir a la Biblia y ver qué es lo que le ofrecían cada vez que leemos que bajaba su Presencia, ***¡nuestro Dios no ha cambiado!***, quiere seguir mostrándose a nosotros, pero por favor, ¡hagámosle un lugar propicio! ¿Te suena? ¡En el Antiguo testamento, se ubicaba encima del arca del pacto, el "Propiciatorio"! Un lugar digno de Él (Éxodo 25:22).

"Así que, hermanos, os ruego por las misericordias de Dios, que presentéis vuestros cuerpos en sacrificio vivo, santo, agradable a Dios, que es vuestro culto racional.". Romanos 12:1

Si la Escritura nos muestra que hay intensidad, danza, gritos, clamores, saltos, quietud, silencio, entonces ¿por lo regular por qué nos enfocamos solo en una línea? Claro, es porque muchas veces se ha usado de un modo legalista y los religiosos creen que saben cómo definir lo bueno y malo, por lo tanto aparece la palabra "orden" y desafortunadamente se establecen límites. Por favor, entiende lo que trato de decirte, no te detengas en una línea al adorar a Dios, porque por lo regular, los "gustos" son los que han hecho la desgracia de tantas divisiones.

Si te preguntara cuál denominación es la mejor, me dirás, a la que pertenezco, y entonces el resto no son de Dios, ¿verdad?, ¡mentira!, entonces ¿qué es lo que sucede? Sucede que no hemos comprendido en plenitud lo que significa dignidad.

No se trata de nosotros, de nuestros gustos, nuestro instrumento favorito, y por supuesto no se trata de nuestra muy aclamada "clase social" (Salmos 115:1).

Me dirás, ¡ah, ya sé cómo callarle los dedos a este escritor! Las "almas nuevas", sí, las almas nuevas no deben escuchar más que dos cantos, o tres máximo, para que no se incomoden y regresen a la Iglesia.

Créeme que mientras intentamos retener gente en la Iglesia ahuyentamos la presencia de la Gloria de Dios.

Nuestra Iglesia no está luchando por conservar gente, si no en conservar la presencia de Dios, y el Espíritu que trajo a las personas se encargará de tenerles en casa, además, estamos marcando el paso para enviar obreros a la obra de Dios en todo el mundo.

La Gloria es para Él

Amigo, si en tu primer canto, o en tu primer sermón se salvaran cinco mil (Hechos 4:4), te aseguro que querrías llevarte la gloria y decir: "Yo lo hice". Pero si Dios los trae y los conserva en la Iglesia, entonces Él se llevará toda la gloria.

Él es el único digno (dignidad). El Apóstol Pedro predicó en una ocasión y se salvaron cinco mil, estoy seguro de que no se llevó ni un poco de gloria, ¿Por qué? Porque acababa de recibir la promesa escrita por el profeta Joel, el Espíritu Santo, que sólo lo puede dar Jesús, el cual es agradable a Dios (Hechos 2:16). Gloria a Dios, Él era Digno en su humanidad y es Digno en su divinidad. ¿Al Apóstol Pedro le vino el Espíritu Santo en forma de caerse al suelo, o de temblar, o de alguna forma cómoda naturalmente? No, fue en forma de fuego, fuego que purifica, que limpia, que le ungió, y esto es lo que yo creo, ellos veían el fuego en los demás pero no veían el suyo, ya que estaba sobre su propia cabeza, ellos debieron creer que tenían el fuego, la unción sobre sí mismos; a menos que llevaran espejos para estarse viendo durante la reunión.

Te exhorto a que le creas a Dios, que Él es quien te ha ungido, y que debido a tu fe, puedas decretar cada vez que te acercas al trono de la gracia, que Él es Digno.

Dignidad va más allá de ser el líder de alabanza, el pastor de alabanza, la voz principal de la alabanza o el que dirige la alabanza. Muchas de las Iglesias Cristianas en el mundo piensan que la alabanza es algo secundario, algo que prepara a la gente, por así decirlo, para que venga lo bueno, que es la "palabra".

Nos cuesta trabajo dar, y dignidad se trata de dar, nuestro Señor es Digno, por lo que dio, por lo que ofreció, mas no por lo que se le dio. Él se entregó, en pocas palabras, se vistió nuestros pecados de tal manera que el Padre no pudo acercarse a Él, debido a tanto pecado que cargaba, ("Padre, ¿Por qué me has abandonado?...") (Isaías 53:6, Marcos 15:34).

No puedes darme un ejemplo de alguien más digno. Y mientras tanto, estamos discutiendo si levantar nuestras manos o si clamar a Él, si hacerlo así o así, si pelear en contra de las estrellas y orgullo en la alabanza, qué fácil es ser distraídos de la meta.

Tenemos regalada de parte de Dios una preciosa médula ósea, un espacio de la creación de Dios tan particular donde la Sangre, La Vida es creada (¿quién es la verdad y la vida y el camino?), y pareciera que estamos más preocupados por dolorcitos reumáticos que por la vida misma, la sangre, el camino, la verdad (Juan 14:6).

Hablemos de la Verdad

La verdad no es mala, de hecho es muy buena, pero nos incomoda la mayoría de las veces. La verdad no es negociable, la verdad no es intercambiable, ajustable o que se pueda disminuir. Si la Biblia lo dice (Salmos 135:3), entonces ¿por qué hay tanto problema acerca de cómo adorar o cantar a Dios?

Es que estamos más entretenidos en lo que podemos recibir que en lo que podemos dar.

La palabra o mensaje en un culto es lo que recibimos de parte de Dios, por eso es que creemos que es lo más importante y mucho más si se trata de lo que me gusta escuchar, solo palabra de aliento y mensaje de amor. Créeme que esto nos va a dar mal aliento y poco amor si no estamos viviendo la palabra, o sea, siendo hacedores, no sólo oidores.

Si tan solo pudiéramos enseñarle al pueblo que es mejor ofrecerle a Dios un culto racional que recibir (Romanos 12:1), tendríamos un Dios con deseos ansiosos de pasar tiempo en la congregación y a la hora del servicio, un Dios que hablaría bien de nuestros cultos, en vez de esperar que la gente hable bien de nosotros.

Nos enfocamos en traer gente a nuestro edificio; en vez de enfocarnos en traer su Presencia, en llevar al pueblo a su Presencia, y en llevar su Presencia al pueblo.

¿Qué tienes para dar?

Dentro del tema de la dignidad, te voy a contar una historia de la Biblia, es acerca del Profeta Eliseo: una viuda, mujer de los hijos de profetas, le pide ayuda, ya que su esposo acaba de fallecer y ella ha quedado sin dinero y solamente con sus dos hijos (2 Reyes 4).

El acreedor (figura de Satanás) está por venir a quitarle sus hijos, su futuro, el futuro de los adoradores, hijos de los profetas en su familia, ¡esto es sorprendente! Eso es lo que el enemigo quiere hacerle a nuestros ministerios, quitar el legado.

Dicen varios eruditos de la historia bíblica que este hombre, el esposo de la ahora viuda, antes de morir, entregó todos sus bienes para sostener a los hijos de los profetas, dentro de la escuela de profetas.

El Profeta Eliseo le pregunta: "¿Qué puedo hacer por ti?", y en seguida,"¿Qué tienes en tu casa?". Notable que el profeta ya sabía el problema, pero me imagino que si le dejaba contarle el problema, se pasarían una media hora mientras ella terminaba de contárselo todo, ya sabes cómo son las cosas, dicen los científicos que las mujeres dicen aproximadamente treinta y cinco mil palabras al día, mientras que los hombres solo diez mil. "¡Pues sí!", dijo mi esposa, "¡Porque tengo que repetirte más de tres veces lo que te digo porque no me escuchas a la primera!".

Seguidamente, el profeta le pregunta por lo que tiene en su casa, y ella le responde "¡Nada!", así como la típica oración pastoral que se escucha en muchos lugares cuando por las ofrendas se ora: *"Señor, bendice a aquellos que dan y a los que no tienen para dar"*. Eso sí que me enfurece, cuando decimos que no tenemos nada para dar, (recuerdas DIGNIDAD), toma un millón y multiplícalo por cero, que es lo que a veces damos, y siempre será cero, pero toma un poco, tan solo un poco (de aceite, unción, lo que sea que tengas para dar) y multiplícalo por el sistema celestial de dignidad y algo asombroso y milagroso sucederá (2 Corintios 9:6).

Ve y pide prestadas vasijas vacías a todos tus vecinos, todas las que puedas, pero... no pocas, fue la instrucción.

Hace poco visitaba a un amigo, Gran Hombre de Dios, James Wright, y tiene un vecino que vive en un remolque con treinta y nueve perros como mascotas. Ahora, imagínate que estás cómodamente dormido y de repente uno de esos perros comienza a ladrar, en seguida, el coro de perros comienza a ladrar, luego todos los perros de la colonia están ladrando. Y este predicador te está diciendo que vayas con tu vecino y le pidas prestadas todas sus vasijas vacías; la verdad, a mí me costaría mucho trabajo hacerlo.

Por supuesto, se requiere de mucha humildad para hacer esto, y claro que te van a preguntar que para qué las quieres, y te imaginas tener que explicarle todo el asunto del aceite y lo del acreedor, claro que tomará su teléfono y se lo dirá a todos sus amigos de la cuadra y juntos estarán burlándose de ti. Recuerda, te dijo que debes ir con todos tus vecinos y pedir prestadas vasijas y, "no pocas" (2 Reyes 4:3).

Ella tenía un poco de aceite por allí en su casa, devaluado, escondido o quizá olvidado en un rincón. En ocasiones así tenemos la unción hoy en día, en un rincón, guardada.

Siempre tendremos algo para dar. Ese aceite comenzó un milagro debido a la obediencia (dignidad) de la viuda.

En la multiplicación de los cinco mil, el niño que se acercó a Nuestro Señor Jesús con los cinco panes y dos peces (Juan 6:9) dio lo que tenía mientras el teólogo decía: "¿Y qué son estos pocos, para tantos?". ¿Recuerdas que sobraron doce canastas? Muchos dicen que cada una fue para cada discípulo, yo creo que El Señor le entregó al niño la cosecha de su siembra, y volvió a su casa con doce canastas llenas (que por supuesto cargaron los discípulos, creo yo), sorprendiendo a todos en su familia.

Volviendo al tema del aceite, la viuda abrió la puerta de su casa y les dijo: "José, Jacobo", por así decirlo, "Ya llegó la hora, será durante la noche para que no nos vean cargando vasijas vacías y nadie se burle en nuestra cara, vayamos por ellas". Y cuando ya estaban en casa con las vasijas, que me encantaría que fueran ciento veinte... "En aquellos días derramaré de mi Espíritu (...)" (Hechos 2:17) (unción sobre toda carne), y cayó sobre ciento veinte (Hechos 1:15), si sumas el número de galones de agua que usaban para lavar sus manos en la Boda de Caná, agua sucia e inmunda, agua que por la unción de Jesús se convirtió en vino, dará un aproximado de ciento veinte galones (Juan 2:6).

Veamos la siguiente vivencia:

En una ocasión, cuando pastoreábamos en un templo en Michoacán mi esposa y yo, estábamos a punto de salir a evangelizar a las calles cuando de repente hubo una gran lluvia que creíamos impediría el salir a hacer la obra, ya sabes lo que decimos: "No era de Dios evangelizar hoy", y como no había un tema preparado para compartir esa noche, pensé primero: "Tengamos una noche de alabanza y adoración". Pero tomando valor le pregunté a la iglesia que si creían que Dios podría detener la lluvia, y al unísono dijeron:"¡Sí!", mayor Fe de la que me esperaba, y sin duda mayor que la mía propia. En el momento que comenzamos a orar, la lluvia se detuvo milagrosamente, y quisimos aprovechar para pedirle a Dios que el piso también estuviera seco al salir a compartir, y ¿qué crees?, cuando salimos, las calles estaban secas. Mira, te estoy hablando de que no había sol, era servicio de la noche. Me pregunto qué habría pasado si hubiéramos continuado orando por algo más (2 Reyes 13:18-19).

Y así la viuda tomó, creo yo, la vasija más pequeña para comenzar, digo, así lo haría yo. Cuando vio que llenó una vasija y que la vasija con "poco aceite" continuaba llena, me imagino que tomó una vasija más grande y el aceite no se acababa. Aquí requiero de tu especial atención, mientras el aceite caía, ella podía ver el milagro, tocarlo con su mano, te puedo decir que la unción se puede transferir y palpar.

Es obvio, notable y palpable cuando estás dignificando al Señor.

Como nota rápida, las vasijas se terminaron, no fue que la unción se acabó. Mientras los hijos movían las vasijas y las acomodaban, ¿no crees que se tiró un poco de aceite en el suelo? puedo pensar en resbalones y caídas que vivieron esos muchachos empapándose del aceite, una experiencia que cambió sus vidas para siempre. Así que si un día llegas a caer, más vale que te levantes diferente, porque si no, no sirvió de nada la caída, solo fue tiempo de uso de suelo.

Finalmente, la última instrucción del profeta fue: "Vende el aceite, paga tu deuda y vive del resto". Me sorprende que dijera "véndelo", ¿será que quiero comercializar la unción?, bueno, pues te lo pongo de la siguiente manera, la unción vale muchísimo, eso es lo que el Profeta quiere decirnos; a parte, cuántos hemos grabado un CD y esperamos que se venda, ¿por qué mejor no los regalamos?

La unción tiene valor, un valor que, aunque parezca un pequeño frasco de aceite olvidado, tiene valor, y es el meollo del desencadenamiento de tu milagro, de la dignidad que le otorgas a tu Señor, al hacerlo digno a Él, recibes la posibilidad de ser digno también de sus promesas y de su favor para tu vida.

REPASEMOS

¿Para ti qué es dignidad?

¿Cuál es el rol del Espíritu Santo en la Adoración?

¿Es posible que exista alguien en el mundo que no tenga nada para dar?

PARA MEDITAR

Piensa en cuántas ocasiones nos hemos desesperado por la poca asistencia de gente a una actividad.

Piensa en cuántas ocasiones nos hemos desesperado por la poca asistencia del Espíritu Santo a una actividad.

Cuando alguien te ha confrontado con la verdad, ¿tu reacción ha sido positiva o negativa?

HAGAMOS ALGO AL RESPECTO

Pídele perdón a Dios si:

Le has dado más importancia a tu ego, a tus logros o a tu orgullo antes que a Él.

Si has pensado que puedes vivir sin Él, o sin su asistencia.

Si has retenido adoración que solo Él se merece.

ALABANZA

Es tiempo de que despierte un espíritu de alabanza
en el pueblo, sin precedentes, que vaya más allá
de brincos y emociones, de gritos y canciones.
Que cree en las personas una dependencia
cada vez más fuerte de Dios, que una al pueblo
a la Presencia que ha bajado a habitar
con la alabanza de los hijos de Dios.

La alabanza la definimos comúnmente como música con un ritmo rápido, pero no tan rápido para que no entre el pueblo en la carne, y no tan lento para que se duerma.

Quizá nos enseñaron un estilo tradicional y nos cuesta trabajo cambiar la forma de alabar.

Pero si amamos a Dios con todo nuestro corazón, con toda nuestra alma, con todas nuestras fuerzas (Marcos 12:30), *¿por qué no le adoramos y le alabamos, con todo nuestro corazón, con toda nuestra alma, y con todas nuestras fuerzas?*

Lo que te quiero decir es que no importa el estilo de música, el ritmo o el canto en particular incluyendo la letra, sea lo que sea que estés escuchando, no permitas que tu carne sea la que te impida ser libre para darle todo al Señor, o, por el otro lado y contrariamente, te haga perder tu autocontrol y te vayas solo a lo carnal.

Hay algunos que no alaban a Dios con todo su ser y con todas sus fuerzas porque creen que sería muy carnal, y otros, por otro lado, exageran pensando que el desenfreno es lo que agrada a Dios.

El simple hecho de que exista el término "religioso", "carnal", o "legalista" es una atadura al hecho de que siempre estamos juzgando de acuerdo a las apariencias, cuando en realidad no podemos ver el corazón de las personas. Entonces, nunca sabremos lo que hay en el corazón de la gente, solo Dios lo sabe, pero sí podemos mirar los frutos y saber qué clase de árbol es (Mateo 7:16).

La obra interna del Espíritu Santo

Es como cuando en un tiempo de avivamiento las personas comenzaron a recibir la "experiencia en el Espíritu Santo" de hablar en lenguas y fue causa de mucha polémica, hasta que valorado el hecho a la luz de las Escrituras, fue aceptado, de tal manera que hasta llegó el momento que se le cambió el nombre de "experiencia" por el de "evidencia"; y se le decía: "recibir el Espíritu Santo con la evidencia de hablar en otras lenguas".

Para mí, evidencia es algo que en un juicio puede dictaminarse si es válido o no, y que está sujeto a la aprobación del hombre, por lo cual muchos comenzaron a enfocarse solamente en decir que tenían evidencia, que en realmente permitirle al Espíritu Santo hacer una obra en sus vidas.

Por eso y con mayor razón creo que lo que suceda exteriormente en las personas que ministro, ya sea que tiemblen, caigan al suelo, o cualquier otra cosa, no es lo trascendente, sino el cambio que suceda dentro del corazón, a eso le llamo la obra del Espíritu Santo, una obra que va desde adentro hacia fuera, porque creo que hay resultados físicos y visibles debido a sucesos espirituales invisibles. ***"Nuestra Lucha no es contra carne ni sangre"*** (Efesios 6:12).

Conocí un hombre que cada vez que era la hora de la alabanza, cada servicio, salía de su lugar con su bandera o sin ella; y danzaba hasta terminar en el suelo, en un charco de su transpiración y lágrimas. ¡Qué asco! has de decir, ¡yo dije lo mismo!, hasta que supe que estuvo en una situación donde debido a que ingirió un veneno accidentalmente, sus órganos estaban destruidos y su único recurso fue la oración.

Jesús le dio nuevos órganos en su cuerpo, y pudo vivir por ese milagro y, desde entonces, no deja de entregarle a Dios todo su ser en todo momento que tiene la oportunidad, y le adora como nunca vi a nadie adorarle. Créeme, en este momento tengo lágrimas en mis ojos, nunca he visto una entrega parecida, quizá es lo que sintió el cojo al ser sanado fuera de "La Hermosa", y dio su alabanza a Dios caminando y saltando sin importar qué dijeran los demás (Hechos 3:2).

¿Qué necesitas para abrir los ojos?

Padre, en este momento pido que traigas frescura a mi vida, que cambies la manera en que me he acostumbrado a percibir cómo se te debe alabar. Ayúdame a darte todo mi ser y que no me importe quién me observa en esta tierra, sino solo tú, asi como el rey David, Señor, ayúdame a tener un corazón acorde al tuyo y también un deseo de alabarte sin medidas. Amén.

Por más que la alabanza tenga la apariencia de un simple tiempo de gozo y de música con un estilo en particular; ya sea que dure un pequeño o largo periodo de tiempo, déjame decirte que yo creo que hay poder que se desata cuando ofrecemos alabanza, a veces nosotros, por desganados o indiferentes, no levantamos nuestras manos, no ofrecemos danza; pero déjame decirte algo: *"Cuando el enemigo te ve así de dormido, o vendado en la presencia de Dios, los demonios sí celebran y se alegran solo de verte vencido"*.

Creo que tiene sentido y mucha lógica si te digo que Dios nos ha hecho libres a través de Jesús para alabarle; imagínate que nos hubiera hecho libres para estar sentados cómodamente mirando a otros alabarle (Gálatas 5:1).

Entonces, ¿por qué no alabarle como se merece? Quizá también porque podrías sentirte de una cierta clase social alta y te dará vergüenza que te vean de tal manera alabando a Dios, quizá una imposibilidad en tu persona física no te da la seguridad de ofrecer tu alabanza de una forma u otra. Yo lo entiendo, pero no lo apruebo, porque tampoco creo que la Biblia ni el Señor lo aprueban. Aunque el Señor no te va a condenar por no hacer ciertas cosas, eso no significa que debemos dejar de ofrecérselas; más bien, creo que, en la medida que somos libres, somos de igual manera más sinceros y más reales al alabarle, y creo que nunca debes sentirte obligado a hacer algo que no entiendes por qué lo haces, creo que no serías completamente sincero. El trabajo de los pastores es enseñarte y, por supuesto, con la Escritura, lo que debes, lo que puedes y lo que se te recomienda hacer delante del Señor.

Todo esto te lo digo para que cuando se presente la oportunidad y tengas delante de ti un grupo de personas que no saben o no pueden ser libres para alabar al Señor, practiques la empatía y al aproximarte para dirigir al pueblo a alabar a Dios, no se lo exijas, mucho menos se lo demandes, no les condenes si no lo hacen, créeme, no se van a ir al infierno por no danzar o hacer algo en particular. Recuerda que los seres humanos somos personas almáticas y debemos ser sabios al trabajar con el alma de las personas, tú quizá ya sabes cómo ofrecer a Dios, ¡pero ellos, no! Luego viene la parte de las circunstancias y esta parte la explicaré con un poco más de detalle.

En la época medieval, en el tiempo de la peste bubónica, que también era un tiempo de guerra, la gente no estaba viviendo en un constante gozo, claro que no, cuando en cualquier momento escuchaba la noticia de otro ser querido muerto. Las Iglesias de la época se olvidaron de la conquista de Jesús sobre la muerte y se enfocaban más en la muerte y en el pecado del pueblo. De tal manera que las reuniones a Dios se hicieron cada vez más solemnes y tristes.

Es el caso de un predicador que a la hora de estar compartiendo descubre a un niño durmiendo, y al aproximarse le dice a su abuela: "¡Qué vergüenza, debería enseñarle respeto a su hijo o por lo menos despertarlo!", a lo que la anciana respondió: "¡Deje al niño en paz, usted fue quien lo puso a dormir!".

Es muy claro que si no muchas, la gran mayoría de las veces, cuando un líder incurre en cierta actividad, el pueblo que le sigue también ejercerá esa misma actividad y de la misma forma. De igual manera, si el líder se limita en determinadas prácticas, el pueblo se limitará (Oseas 4:9).

Es tiempo de que despierte un espíritu de alabanza en el pueblo, sin precedentes, que vaya más allá de brincos y emociones, de gritos y canciones. Que cree en las personas una dependencia cada vez más fuerte de Dios, que una al pueblo a la Presencia que ha bajado a habitar con la alabanza de los hijos de Dios.

Lo que te diré en seguida quizá te sorprenda, porque no te lo van a enseñar en ningún lado, y déjame decirte que es una realidad. A veces pensamos que nuestro Dios está enfrascado en un solo ritmo y en un solo estilo, y por consiguiente también limitamos nuestra ofrenda de alabanza. Quiero decir con esto que no siempre vas a estar brincando, no siempre vas estar danzando, no siempre vas a llorar, no siempre vas a estar serio. Creo firmemente que el Espíritu Santo tiene un plan cada vez que nos acercamos al trono de la Gracia y que si solamente pudiéramos estar atentos y escuchar su dirección, podríamos ofrecer a Dios exactamente lo que Él espera que se le dé (Romanos 8:26).

La alabanza usa nuestros dones

Si lees en Génesis, me sorprende que los hijos de Caín recibieran los dones de las artes, de ingeniería y otros, ya que Caín es considerado el "malo" de la historia. Creo que si Abel hubiera recibido para sus hijos esos dones, el día de hoy tal vez no tendríamos las artes como las conocemos (Génesis 4:20-22).

De la misma manera, si tales dones fueron depositados en la rama de Caín, aunque no menciona que Abel no tuviera alguno, lo que determinó la aceptación de la ofrenda de Abel frente a la de Caín fue la materia que ofreció a Dios. Nuevamente, y nunca lo olvides, no te atrevas a ir a ministrar al culto sin llevar una ofrenda en especie a Dios, pues aparte de que se ve mal, está mal (Génesis 4:5).

Muchos han dado sus propias conclusiones a la hora de diferenciar a Caín de Abel, y la verdad no creo que tenga que ver con comer carne, vestir piel, airarse fácilmente o estar endemoniado. Me encanta la idea de que Abel tuvo el entendimiento que para ir a Dios es necesario un mediador (símbolo de Jesús), y la verdad no creo que Caín no haya tenido la oportunidad de agradar a Dios, por supuesto que la tuvo, pero simplemente no lo hizo, en otra ocasión hablaremos concretamente de cómo funciona el espíritu de Caín.

De igual manera, nuestra alabanza puede ser aceptada o rechazada y punto. No tenemos que ver si fue mucha o poca, si fue un estilo u otro, creo que si hemos leído en la Biblia el tipo de alabanza que ofrecieron quienes agradaron a Dios y no lo hacemos, corre por nuestra propia cuenta.

Creo también que muchas personas dudan o se abstienen de alabar por el hecho de que nunca lo han hecho, nunca se les enseñó bíblicamente lo que incluye y lo que no excluye; y entonces cuando tratamos de presionarles para que hagan algo, es natural que se resistan e inclusive que agreguen unas cuantas citas bíblicas para defenderse. No oponiéndose a alabar sino a la presión ejercida sobre ellos, sintiéndose forzados. Qué bueno sería que a mí me hubieran dicho esto cuando comencé a dirigir la alabanza, me hubiera ahorrado muchos problemas y resentimientos, te recuerdo que las personas somos almáticas y debes trabajar en el alma con mucha sabiduría.

Se trata de permitirles probar y sentir la alabanza que ofrecen

Hay una pasta que personalmente me gusta mucho, y el ingrediente "detonante" para mi es la crema que se le pone, sé que es necesario probar una pasta "Alfredo" antes de decidir si me gusta, o si decidiré comerla de forma periódica. Así mismo cuando oramos o adoramos, a veces no lo disfrutamos porque pensamos que es una obligación y no una bendición, déjame decirte que la pasta estilo "Alfredo" es riquísima, lleva un poco de crema y algunas especies que la hacen única, pero necesitas probarla para saber si la comerás otra vez.

No vayas a presentarte delante del Señor diciendo: "Señor, yo lo sabía todo y por eso hice las cosas así, aunque la Biblia decía otra cosa". O que le digas, "Señor, no lo hice porque no sabía si era de Ti hacerlo aunque la Biblia lo decía".

Recuerdo una vez estando en las montañas del Sur de Michoacán, con una Iglesia que había levantado mi papá hacía ya unos veinte años, y me era tan difícil llevarles a adorar a Dios, ya habían alguna vez probado lo que es entregarle a Dios una alabanza encendida, pero por alguna causa, había sido un fuego temporal y que se extinguió rápidamente. Recuerdo haberles explicado cómo es debido alabar a Dios una y otra vez cuando les visitaba, pero cada vez que volvía apenas lograba que medio levantaran sus manos, y ni siquiera sus rostros levantaban.

Era una comunidad muy humilde y con muchos prejuicios, recuerdo que un amigo mío predicaba con fuerza y poder, pero no había respuesta, me frustré y recuerdo bien que me senté en el pequeño alfolí, le pedí a los músicos que ministraran una alabanza mientras yo le decía al Señor que yo no podía, que no tenía las palabras ni las fuerzas para motivarlos, unos instantes después levanté mi mirada y no podía creer lo que veía, toda la iglesia cantando, danzando, con manos levantadas y con tanto gozo. Supe al instante que Dios me estaba dando a mí una lección; no importa cuánto sepas de alabanza y adoración, o cuánto lo enseñes o lo exijas, no vas a lograr una respuesta si no te das cuenta de que hasta tú mismo, a veces, tienes ese desgano de hacerlo y que es necesario llevar al pueblo a probar lo que Dios tiene para ellos o lo que espera que sus hijos le ofrezcan.

Una recomendación es, si deseas llevar al pueblo a cierto lugar, reúnelos con personas que ya están en ese lugar, llévate a ti mismo a ese lugar, haz que prueben y te aseguro que les gustará una vez que sepan el poder que se desencadena a la hora de ofrecerle a Dios la alabanza que se merece.

Es necesario trabajar constantemente

En efecto, lo que lograste el domingo pasado en el culto puede perderse, y cada vez que te reúnas para el culto, sentirás una especie de frustración porque no verás que despegues de donde siempre has estado.

Necesitas actualizarte, refrescarte, pasar tiempo a solas con el Espíritu Santo, pasar tiempo adorando a solas, mucho de este tiempo.

Comienza a traer nuevas melodías, nuevas alabanzas, frescura, y no te afanes a que siempre es brincar y danzar a fuerza, ni que la alabanza debe durar una hora cada vez (Salmos 96:1, Efesios 5:19).

Quizá no me creas, pero a veces un solo canto es necesario para recibir una respuesta de la presencia del Espíritu Santo en el mover de la alabanza, a veces cantas dos y con eso fue suficiente. Pero si no pasas tiempo pegado a la fuente, al dador, no sabrás qué es lo que en ese momento el Rey espera, y sólo hay una persona que te lo puede decir, y es el Espíritu Santo.

Al principio, sentirás que cada servicio es lo mismo en la alabanza, pero necesitas inyectar la idea de que cada vez debemos subir un escalón más alto, y entonces recordarlo cada vez que vas a llevar al pueblo a la alabanza, buscarlo, esperarlo y ponerte en los zapatos de la gente. Tal vez tú tuviste una semana increíble, pero algunos de ellos no la tuvieron, y aun así están allí. Eso significa que quieren pero quizá no tienen la voluntad; por lo tanto es nuestra responsabilidad llevarlos casi de la mano hasta que podamos soltarlos en una alabanza tan intensa que no querrán detenerse.

Recuerdo una vez que fui invitado a una Iglesia muy conservadora en La Habana, Cuba, estaba yo compartiendo y explicando la historia de nuestro ministerio, cuando terminé nos tomamos la libertad de cantar unos cantos con el grupo de jóvenes de la iglesia. Fue muy divertido lo siguiente: el pastor principal nos llamó a su oficina a mí y a mi compañero, y nos dijo: "En esta iglesia no se aplaude, no se levantan manos, no se dan gritos de júbilo", y mientras nos decía algunas cosas más que no se practicaban en "su" iglesia, pude notar algo de conmoción en el área del auditorio, aplausos, júbilo, y de la oficina de la secretaria, se escuchó decir: "Esos mexicanos que andan apasionando a los cubanos", me asomé y le dije, "Aquí estamos". Y de verdad habían captado la visión, nosotros no necesitábamos estar para que entendieran, fue un tiempo muy hermoso.

Yo también nací en una iglesia cristiana y muy conservadora. La música que tocábamos era muy peculiar, y por supuesto no culpo a mi amado papá y pastor, ya que en algún momento Dios le habló y entendió el significado de la alabanza. Nuestra música era de un estilo entre electro-norteño y balado. Pero así fui criado.

Recuerdo que en un momento determinado comenzamos a ministrar con música del estilo del Hno. Marcos Witt, y no olvidaré ese domingo en el que tenía mi guitarra eléctrica y había practicado un requinto muy bueno, según yo. El detalle es que esta antigua guitarra de una sola pastilla, ya te imaginarás su época, un color negro brillante, ya que todas las hacían iguales, parecía inclusive de juguete, pero en especial, tenía las cuerdas más delgadas posibles, así que ya te imaginarás el agudo que daba. En fin, cuando comencé mi requinto, vi la mirada de mi papá sobre mí de inmediato, dándome la señal con sus ojos de que detuviera ese horroroso sonido, por lo que dejé mi requinto y seguí tocando solamente el acompañamiento, pude ver la cara de semi-relajación de mi papá.

> "hablando entre vosotros con salmos, con himnos y cánticos espirituales, cantando y alabando al Señor en vuestros corazones".
> Efesios 5:19

Déjame decirte que yo no sabía mucho de guitarra, inclusive creo que aún sólo sé lo mismo que sabía en ese entonces, yo creía que lo más nuevo era la pentatónica, y es exactamente lo que había intentado, sin lograr el agrado del pastor, creí erróneamente que la osadía había terminado, pero al pasar a predicar su mensaje, lo primero que dijo públicamente fue: "Hijito, no estamos en la Discotec" y movió sus manos en la manera que se toca una guitarra, balanceándose como lo haría un músico. De verdad que si hubiera un agujero, me metería, fue una experiencia muy emotiva. Pasado el tiempo, mi padre dijo en varias ocasiones que desearía tener la energía y la fuerza para pasar su tiempo corriendo y danzando para el Señor.

Alabanza es ofrecer un culto racional
(Romanos 12:1)

Una de las iglesias que el Señor me ha dado licencia de ser parte está ubicada en una Isla en Michoacán, y hay allí un matrimonio de ancianos como de unos ochenta años; ¿recuerdas el caso del hermano que ingirió veneno? Este es otro relato muy impactante en mi vida; pues estos ancianitos, así como lo lees, ¡pasan el tiempo de alabanza tomados de las manos como dos niños danzando y cantando para Dios!

Ahora, no me digas que no puedes hacerlo tú, no me digas que es difícil, o que hay que sentirlo para hacerlo, nuevamente te lo digo, somos almáticos y emocionales, pero lo único que es necesario hacer es obedecer la palabra de Dios cuando dice que los justos se alegran y dan saltos de alegría, danzan para su Rey, se gozan, baten sus manos, dan gritos de júbilo, claman a Él (Salmos 68:3).

Quiero explicarte algo que considero relevante, es acerca de creer; la mayoría de las veces cuando Jesús hacía un milagro, debemos recordar que les pedía hacer algo, y creo firmemente que la razón de pedirles alguna acción era para incrementar su fe y que su fe se tradujera en una acción (Mateo 8:4, Juan 9:7). Por eso creo que cuando oramos, no oramos con el pensamiento solamente, cuando alabamos no lo hacemos en nuestro interior, debe haber una manifestación externa, que en la medida en que somos libres, seguros y confiados de lo que hacemos, se irá incrementando también, permitiéndote experimentar nuevos niveles de alabanza.

Creo en gran medida que el Espíritu Santo puede tomarte totalmente, y podrías parecer como lo que en el libro de Hechos se describe, como estar embriagados de su Espíritu (Hechos 2:13). Quiero decirte que mientras escribo estas líneas, estoy volando de Washington DC a la CDMX, estoy escuchando una alabanza que dice *"Más Dios, a lo sumo lo exaltó, pues no le importó el dolor, fue más grande su amor"*, está hablando de Jesús, y estoy experimentando una visita de su Gloria aquí en el avión, que he tenido que levantar mis manos, el hombre que va a mi lado va dormido, y la azafata está levantando los restos de desechable en los que sirvió el refrigerio.

Quiero darte una idea de que en cualquier momento puedes "creer", y ser bendecido, ya que la alabanza tiene un poder sin medidas, te lo tengo que repetir, *"SIN MEDIDAS"*. Hay un poder que se desata cuando a ti no te importa quién te está viendo y logras abrir tu corazón para alabar a Dios en el lugar que estés, especialmente si es momento de hacerlo.

Escribo esto para inspirarte, no es algo tan complicado, ni sacrificial, solo debes despojarte del orgullo, del ¿qué dirán?, y darle un *"Culto racional"*. Estar totalmente dispuesto a hacer sonreír a nuestro Dios.

Voy a contarte otra anécdota, a principios del 2011, estaba yo visitando la Florida, recuerdo que el Señor me habló de una manera tan hermosa y tan fuerte, que pasé llorando toda una tarde, es en serio, toda una tarde. En la reunión donde estuve, se presentaron líderes cristianos de todo el mundo, incluyendo Corea del Norte, y había una presencia tan grande de Dios, y créeme que no había una sola alma danzando entre todos estos eruditos y magnates conocedores de las Escrituras y teología, gente que muchas iglesias anhelan tener de visita predicando en sus congregaciones. En esta reunión, por el contrario, salían del auditorio como si nada aconteciera. Yo estaba quebrantado como nunca, mis sentimientos estaban encontrados y lloraba preguntándole al Señor qué es lo que pasaba.

La respuesta es bien sencilla, ninguno de ellos se irá al infierno por no haberlo hecho, muy pocos levantaban sus manos y cantaban, al principio creí que era un culto donde se le agradaba al hombre, pero allí estaba ministrando Darlene Zschech con el equipo de Hillsong, era increíble lo que veía, pero cierto.

Yo te invito a que no esperes que se sienta algo nuevo o más profundo en la alabanza para hacer algo nuevo, ¿notas la redundancia?, necesitamos hacer algo nuevo para recibir algo nuevo. Necesitamos pasar más tiempo con Dios en lo privado, en lo escondido, para que nos levante en público. Dios quiere hacerte famoso para que lo hagas famoso a Él, no para que te quedes con la gloria, y si estás preparado, significa que has pasado bastante tiempo a sus pies, entonces se desatará sobre tu vida una nueva alabanza, un nuevo canto cada día. ¿Te imaginas qué hermoso sería dejar de vivir de la unción de otros?

Te cuento lo siguiente para que te animes un poco; en ese mismo viaje en la Florida, estaba yo orando y buscando una guitarra, ¡ay, cuanto había yo anhelado una guitarra de doce cuerdas, electroacústica, Taylor!

Creo que debo apuntar muy alto para que la flecha llegue a su altura máxima ¿verdad?, entonces fui a la tienda de guitarras y encontré la que estaba buscando por unos mil doscientos dólares, más el estuche 150 dólares, y me dije a mí mismo, "me la merezco", usaré mi tarjeta de crédito y la iré pagando mientras pueda. Sólo que no tuve la paz que necesitaba para comprarla y desistí, volví a México sin mi guitarra. En los meses siguientes volví a visitar los EEUU, pero esta vez en West Virginia. Al finalizar mis actividades de la semana allí, mi hermana Maggie me llevaba al aeropuerto y en el camino pude ver una tienda de empeños, le pedí que se detuviera un momento y lo hizo.

Dentro de la tienda, había diferentes tipos de guitarra, incluida la Taylor que buscaba, de doce cuerdas pero no era electroacústica ni tenía estuche en existencia, en seguida vi una guitarra que llamó mucho mi atención, ya que antes había tenido yo una igual pero se la había sembrado a mi amado suegro, sólo que ésta si era electroacústica, y no perdí nada en preguntar el precio, que era de cien dólares. Después de pensarlo y meditarlo decidí llevarla, y antes de pagar, el joven que me atendía me dijo que iba a revisar si de pura casualidad había un estuche para ella. Regresó el joven unos dos minutos después, con el único estuche que tenían y era preciso para esa guitarra, me lo vendió en cinco dólares, te comento que era un estuche de tapa dura, excelente para viajar.

Felizmente salí y continuamos en camino al aeropuerto, me despedí de mi hermana y cuando llegué a la sala de embarque, saqué la guitarra y comencé a alabar a Dios con mucho agradecimiento, cuando de repente se me acercó un hombre, un total desconocido y me hizo plática, en unos minutos me entregó un billete de cien dólares, y me dijo: "Toma, para que pagues tu guitarra", y ya no te digo más para no arruinarlo, volví con él cuando estaba ya en el avión y le entregué una copia del recibo para que viera que sí habían sido cien.

Había cosechado la guitarra que anteriormente sembré, pero siempre la cosecha es más grande que la siembra, y aunque no recibí una Taylor, estaba muy agradecido con Dios por el detalle.

Me pregunto, ¿habría pasado lo mismo si no sacaba la guitarra y alababa a Dios?, no lo sé, pero lo que sé es que lo hice y hoy he podido pasarla nuevamente a un joven que sé que Dios va a levantar para adorarle en su Reino.

Anímate a alabar a Dios en todo lugar (1 Corintios 1:2), en todo momento, hazlo de corazón, especialmente cuando escuchas el nombre del que vive, del que reina, del que es para siempre, nunca retengas alabanza que le pertenece a ÉL.

El tiempo de alabanza

Voy a abordar por un momento el tema de lo que llamamos el tiempo de alabanza; comúnmente le decimos así a la música inicial de un culto que lleva un ritmo y un tiempo más acelerado.

Si traducimos directamente del Hebreo la palabra *"hillel" (alabanza)*, esta significa: *"proclamar o reconocer las virtudes de otra persona"*. En los Salmos, hay alabanzas que se llaman "generales", las cuales están dentro de este grupo y se dedican a declarar, exaltar y levantar la persona de nuestro Dios.

El segundo grupo se llama "alabanzas específicas", y en los Salmos es cuando se le daba alabanza por liberación y ayuda en alguna determinada circunstancia.

No sé si recuerdas que anteriormente cantábamos algo a lo que le llamábamos corridos cristianos, y que no eran más que historias de algún hermano o situación donde se declaraba que fue Dios quien trajo libertad y ayuda en esa circunstancia específica.

Quiero darte dos consejos acerca de la alabanza, uno es que *la alabanza debe ser vertical, o sea, hablar directamente de quién es Dios, y qué ha hecho por nosotros*, de esto hablaremos más a fondo en el capítulo cuatro. Y dos, que aunque nos guste algún estilo específico de música, *debemos traer frescura a nuestra vida y a la de la Iglesia* implementando nuevas alabanzas e innovando la manera en que se la ofrecemos a nuestro Dios.

No vuelvas atrás, da un paso más adelante ahora, y comienza a darle a Dios lo que le gusta que se le ofrezca, y al mismo tiempo dirigiendo al pueblo a hacerlo contigo.

REPASEMOS

¿Qué piensas ahora acerca de la alabanza?

¿Cuál es el rol del Espíritu Santo en la alabanza?

¿Cuándo le ofrecemos a Dios un culto racional?

PARA MEDITAR

Piensa en la última vez que tuviste la oportunidad de alabar y te lo guardaste.
¿Te sientes cómodo alabando, brincando, danzando o haciendo algo fuera de lo normal?

HAGAMOS ALGO AL RESPECTO

La próxima vez que escuches al Espíritu Santo hablar bien de Jesús, no te detengas y haz algo al respecto.

ADORACIÓN

Dios nos hizo a su imagen porque deseaba que en nuestro corazón existiera la revelación de cómo espera que le adoremos y nos despojáramos de toda la Gloria, los aplausos y se los entregáramos a Él.

Retomaremos un renglón previamente abordado en el capítulo uno, cuando decimos que la adoración es, en pocas palabras, reconocer y dignificar a nuestro Señor.

En tiempos antiguos, era costumbre que cuando una persona se aproximaba a ver a su rey, incluso si fuese para solicitar su ayuda o permiso, debía presentarse con un regalo, pero lo más importante era que, al entrar, no podía mirar a los ojos al monarca, sino que bajaba la mirada hasta estar delante de él, en seguida entregaba el presente que le traía como regalo, y sólo si el monarca le otorgaba la palabra, tenía el derecho de hablar y hacer su petición, después el rey determinaría si le concedía la petición o no (Ester 5:2). Al despedirse, no debía darle la espalda al rey, sino que caminaba dando pasos hacia atrás y al llegar a la puerta salía de espaldas, todo esto, sin levantar su mirada y nunca estar ni un solo centímetro por encima del rey.

Hablando de costumbres

Creo firmemente que cuando abandonamos el gobierno designado por Dios (el gobierno teocrático), y queremos establecer nuestro gobierno democrático, ponemos la más grande barrera que puede tener el Espíritu Santo en nuestra vida.

Hace unos meses visitaba una iglesia en Luisiana, EEUU. Y el Pastor de la iglesia, con lágrimas, me explicaba cómo para gastar cinco dólares en llevar a comer a un ministro invitado necesitaba reunir su mesa directiva tres veces para pedir permiso. Había un gobierno muy marcado de forma democrática y tradicional de tal manera que parecía que hubiera más imposibilidades que posibilidades.

Me pidió que ministrara un poco a la iglesia ese domingo y antes de comenzar, mi esposa Cindi inició con una oración, y mientras ella oraba, unas personas que llegaban tarde, al escucharla, imploraron con sorpresa e incomodidad: "Está hablando en lenguas", por lo que el pastor le tuvo que explicar que veníamos de México y que sólo era el idioma distinto.

Después de ministrar ese día no mucho tiempo y de abrir nuestro corazón en adoración, la iglesia local llegó a un punto que estaba tan dispuesta a obedecer a su pastor en el llamado que sus comentarios eran: "Hicimos cosas tan hermosas para nuestro Dios, que nunca nos habíamos atrevido". Cabe mencionar que no lo hice yo, fue el Señor a través de la adoración que se desató en ese momento. Y eso que sólo me dediqué a hablar con mi Dios con un poco de música de fondo, ya hablaremos del fluir direccional en el siguiente capítulo.

En efecto, adoramos con nuestro estilo de vida, y muchos usan este argumento para reducir el clímax de su adoración a un par de lágrimas y doblar sus rodillas por un tiempo, quizá más prolongado que la persona de al lado. Cuando digo, adoramos con nuestro estilo de vida, quiero decir que todo lo que hacemos puede crear adoración.

"Para Honra y Gloria de Dios"

Cuando era niño, recuerdo que en el servicio normal en la iglesia donde pastoreaba mi papá siempre había un canto especial, y por lo regular lo cantaba aquel hermano al que si no se le daba esa oportunidad dejaba la iglesia; lo digo y lo compruebo, ya que poco tiempo después de ya no seguir con sus "especiales" finalmente dejó la iglesia. Y en fin, pasaba al frente y decía lo siguiente: "Hermanos, pues para honra y gloria de Dios, no sé cantar bien, no sé tocar bien la guitarra, y casi ni me sé la canción, pero... para Honra y Gloria de Dios lo voy a cantar", recuerdo que mi papá lo detenía un momento y me decía, por favor, afínale la guitarra al hermano, y ya que la afinaba, él continuaba con su canto.

Por otro lado, es impresionante cómo en algunos lugares hay más aprecio por la música mejor ejecutada, y que al mismo instante se dan cuenta cuando algo está siendo bien ejecutado, y cuando algo está ungido y, por supuesto, cuando no. Creo que la Iglesia necesita esta clase de enseñanza, sensibilidad y cultura, para no considerar la adoración nada más como un relleno antes de la palabra. Hermanos que deciden llegar tarde al culto, ya que, como está la alabanza, pues no importa tanto.

Una vez tuve el atrevimiento de preguntarle a la iglesia, qué era lo más importante en el culto, si la Alabanza, entregar los Diezmos y Ofrendar o si la Palabra, y al unísono dijeron que la palabra.

Esto me dejó consternado y tuve que explicarles el motivo real de ofrecer, por el cual asistimos a la Iglesia, que creo se ha explicado con detalle en este libro.

Hay que sacar lo que tenemos para recibir algo nuevo

(Lucas 1:53)

Créeme, sacar lo que tenemos para recibir algo nuevo tiene mucho que ver con adoración, por ejemplo, que recibas una poderosa palabra de parte de Dios, mensajes bastante profundos, mucha letra. Y que con el tiempo sólo se acumule en tu vasija y nunca salga en forma de acciones o que seas capaz de compartirlo.

Creo que es parecido a cuando comes algo y tu cuerpo no lo procesa correctamente o no lo procesa del todo, y entonces por tanta acumulación sucede una descomposición dentro de tu cuerpo... Mejor me detengo hasta allí, y el resto sería sólo coincidencia si se pareciera a la realidad.

Se nota en realidad cuando ves personas en la iglesia que tienen dones y llamado, pero antes de usarlos, se han llenado de tanta letra que pasan su tiempo criticando el ministerio y a los líderes considerándose superiores en conocimiento, inclusive que el mismo pastor (2 Corintios 3:6). Quieren enseñar a todo el mundo pero ellos mismos no pueden hacer una diferencia con todo lo que han comido, sobre todo como una ola que ha azotado a muchos jóvenes cristianos, que les entra una desesperación por ser reconocidos y llegar a los escenarios más grandes del planeta, o diríamos, "a las naciones". Y pasan la mayor parte de su tiempo expresando lo que saben de Dios y lo que sienten de Dios, como si quisieran la aprobación de todo el mundo para llegar al futuro anhelado, pero la desesperación de llegar ya.

Lo que nos hace grandes es el tiempo que pasamos con Dios

Lo que sucede es que muchos de nosotros queremos llegar a la meta y a la "grandeza" sin Dios, pero sí con su bendición y herramientas, o sea, que Él bendiga lo que hacemos, cuando lo que realmente importa hoy para mi vida y para la de muchos jóvenes es cuánto tiempo pasamos con Dios, y cuánto le permitimos que nos enseñe y desarrolle. Estamos tan desesperados por decir todo lo que tenemos dentro, que es tan poco y en unos minutos terminaríamos de decirlo todo, sin embargo, cuando me siento con un anciano en algún pueblo (Levítico 19:32), que es una de las cosas que más disfruto hacer, podría él hablar por horas y aún así deleitarme en todo lo que pueda decir.

Quiero decir que hoy es tiempo de que seamos enseñados, hoy es tiempo de callar, aprender a estar quietos y ver que Él es Dios (Salmos 46:10), hoy es tiempo de recibir pequeñas instrucciones y hacerlas realidad con nuestra obediencia.

Un día, recuerdo muy bien, estaba yo en mi recámara, tenía puesta una película pero estaba en pausa, ya que mi esposa y yo queríamos descansar mientras disfrutábamos de ella, pero como es común, mi esposa tardaba en llegar, se entretuvo limpiando la mesa, lavando unos trastes, levantando algunas cosas, a mi punto de vista, un poco desesperante, así que en mi corazón yo decía, por qué tarda tanto, hasta que Dios me habló a mi corazón, y me dijo, "Cuántas veces a ti te he esperado para hacer las grandes cosas que tengo planeadas hacer, y has estado ocupado haciendo otras que no eran malas pero que te parecieron mejor hacerlas, y yo siempre te he esperado, que abras la puerta y pases tiempo conmigo (Lucas 10:41, Apocalipsis 3:20).

Entonces lloré y me di cuenta de que Dios en realidad quiere hacer tantas cosas en nuestra vida, en nuestra ciudad y en nuestro mundo, pero si las fuera a hacer Él solo, no nos necesitaría a nosotros, así que me pregunté, ¿por qué no hace todo y ya? La respuesta es porque Él nos ama y quiere compartir con nosotros, así como para pasar una eternidad con nosotros, Él nos desea, quiere casarse con nosotros, por eso, así como yo no estaba dispuesto a ver esa película sin mi esposa, yo no podría disfrutar nada en mi vida, yo sólo, aunque tuviera todas las riquezas del mundo, y mucho más, no estaría feliz sin alguien con quien compartirlo.

Ahora medita en lo siguiente, cuando Dios nos creó, a su imagen nos creó (Génesis 1:27), dice la Biblia en Génesis que Adán no halló ayuda idónea para él entre los animales (Génesis 2:20), que se durmió y que cuando despertó vio a Eva y supo que ella era para él. Me pregunto cómo Dios sabía que eso era lo que el varón necesitaría, ahora piensa en lo siguiente; nos creó a Su imagen, o sea que el deseo de estar acompañados y compartir nuestra vida con alguien no es meramente humano. Él nos ama y nos anhela más que nosotros a Él, y no está dispuesto a hacer la obra en la tierra sin considerar a quien Él ama, a nosotros. Nos está esperando, que tengamos el deseo de pasar tiempo con Él antes que hablar de Él o enseñar de Él, antes de viajar por todo el mundo, antes de lograr cualquier éxito ministerial, el mayor éxito que podríamos lograr es que al final de nuestros días dijéramos: Pasé toda mi vida al lado de Dios, y Él a mi lado, me mantuve en oración y comunión con Él, le amé y Él me amó y ahora voy con Él para siempre.

Ya es tiempo de entender que el éxito ministerial, seas adorador o predicador, no se mide por cuántas invitaciones para ministrar tienes, sino cuánto tiempo Dios sabe que pasas con Él en oración y adorándole.

Somos sacrificio vivo (Romanos 12:1)

Es necesario entregarnos a Él como sacrificio vivo, santo y agradable, y a veces no lo haces, solamente porque ya eres demasiado grande a tus propios ojos y has subido tan alto en el liderazgo, que tu trabajo es hablar golpeado a los que no lo hacen. Te aseguro que si eres uno de ellos, muchos harán lo que les dices que hagan, pero no harán lo que tú haces (Mateo 23:3).

Adorar va más allá de música lenta o melancólica, precisamente hoy recordaba la anécdota de John Newton, capitán de un barco de esclavos, que escuchó una melodía en una escala pentatónica, llamada "los espirituales negros" (las teclas negras de cualquier piano). Al escuchar esa melodía, agregó las palabras del tan conocido canto "Sublime Gracia" que tanto ha ministrado al mundo desde ese entonces. No quiero ni describir las condiciones a las que eran sometidos los esclavos como mercancía, que a veces para no ser descubiertos en su tráfico ilegal, los ataban a bolas de cañón con cadenas y los hundían al fondo del mar, cubriendo toda evidencia de ellos y al mismo tiempo ahogándolos.

Te aseguro que en esas circunstancias no adorarías al Señor, lo más seguro es que necesitas una silla acojinada, aire acondicionado en el templo, un director de alabanza entretenido, y de por sí moverás un poco tu boca, o si acaso levantarás un poco tus manos. No tanto que se den cuenta o que pierdas tu estatus de la persona que crees que eres. La melodía de "Sublime Gracia" era tarareada por los esclavos durante su trayecto en barco hacia el destino de esclavitud humana al que estaban sometidos.

No solo se trata de que suene bien

Yo creí por mucho tiempo que Nuestro Señor se complacía de cuán afinado estaba, o qué bien tocaba algún instrumento, y mi mayor afán siempre fue lograr una obra musical excelente, donde la medida de calidad fuera el comentario positivo de la gente al final de la ministración, y luché con ello por mucho tiempo.

Me di cuenta de que un día me paraba en el piano y solo ministraba el corazón de Dios y sucedían cosas sin precedentes, el problema es que después regresaba a lo mismo, ya que luchaba con agradar a la gente y también sentirme bien, pero he descubierto que esos dos puntos son lo último que se debe lograr cuando se trata de adoración, y tocar el corazón de Dios es lo primero que debo lograr.

Cuando he tocado el corazón de Dios, Él mismo ministra al pueblo, es como una anécdota que escuché en la iglesia de parte de un colaborador y gran amigo, Antonio del Río, y decía que estaban dos novios en una cena especial, y el ambiente era tan perfecto, había un trovador tocando y cantando, se sentía tan especial la novia con su novio, así que poco a poco mientras transcurría la cita, el trovador se iba acercando a los novios cada vez más y más, hasta que llegó un punto en el que el trovador coqueteaba con la novia, y explica Del Río, que el propósito de que ministres es crear un ambiente en el que el novio (Jesús) y su novia (la Iglesia) puedan enamorarse más, y muchas veces es al revés, los ministerios están coqueteando con la Iglesia esperando una buena reacción hacia ellos y se olvidan del novio, lo vemos cuando al final del servicio, en vez de que le Iglesia esté mas enamorada de Jesús, sólo termina hablando de lo bonito que ministraron.

Adoración es permitir el trato de Dios a tu vida

Recuerdo un tiempo de suma prueba en mi vida antes de casarme y de que el Señor me llamara a servirle, estaba en la iglesia pero sentía que había perdido todo propósito y sentido de mi vida, pensé en varias ocasiones buscar trabajo secular, dejando totalmente el ministerio en el que servía para vivir mi vida aparte de la Iglesia, recuerdo que escuché y obedecí la voz de una mujer muy sabia, que ahora es mi esposa y me dijo que ella estaba convencida de los planes que Dios tenía para mi vida. Cada noche oraba y lloraba sin parar, le pedía al Señor que me librara de esa afrenta, pero recuerdo que siempre al finalizar mi oración le decía, *"Dios, si vas a probarme para hacerme una mejor persona, esto no es suficiente, quiero que me pruebes hasta que ya no pueda soportar, llévame al máximo de lo que puedo aguantar"*.

Esto lo decía llorando y gimiendo, recuerdo que el piso de mi cuarto estaba lleno de lágrimas y de llanto.

Un día en el templo, estaba en el altar adorándole a Dios y clamando, recuerdo que mi voz estaba afónica de tanto clamar. En ese momento inició un canto de adoración dirigido por el grupo que ministraba, y mientras estaba yo de rodillas comencé a cantar pero mi voz no alcanzaba las notas, estaba muy desafinado e intentaba con más fuerza afinar y cantar el canto pero no lo lograba, en ese momento mientras cantaba con mi voz toda desgarrada, el Señor me habló y me dijo: *"Así te quería escuchar"*, con mi garganta cerrada pero con mi corazón abierto totalmente.

Creo entonces saber qué es lo que le gusta a Dios, que de nuestro corazón salga la adoración que va a llegar a su corazón. En otras palabras, es necesario tener un corazón correcto para poder acercarnos a Dios. Estoy convencido de que Dios escucha el clamor de un corazón humillado (2 Corintios 12:9).

Por otro lado, es un hecho que Dios respalda lo que Él probó e hizo mejor, tal vez no seas el mejor músico o cantante, pero Dios te ha metido en su desierto de prueba y ha pulido tu carácter. Entonces créele con fuerza, y ten la seguridad de que cuando te pares delante a ministrar en Su Presencia, Él se va a agradar, y de paso tendrás favor con el pueblo que es ministrado por el Trono de Dios, mientras tú ministras para Él. Un ejemplo muy hermoso en la Biblia es cuando Pablo y Silas estaban en la prisión (Hechos 16:25), encadenados y golpeados ellos cantaban himnos, dicho de otra manera, es que dentro de su situación tan complicada y desagradable, ellos pudieron hacer todo a un lado y encontrarse con el trono de Dios para adorarle. Si tú puedes adorar a Dios cuando las cosas están bien solamente, pero cuando las cosas no pintan muy bien ni siquiera puedes sonreír ante el trono de Dios ni su Presencia, quizá sea tiempo de un cambio de mentalidad. Porque a nuestro Dios se le adora con toda la fuerza que tenemos.

Nos despojamos del orgullo

Esto es lo que creo, que cuando Dios nos creó Él ya tenía toda la adoración que podría necesitar (Salmos 19:1), de parte de lo ángeles (Apocalipsis 7:11), pero había una diferencia, Él es Dios y sólo Él sabe cómo a Él se le debe adorar o más bien, lo que desea recibir. Nuestro Dios es un Dios celoso, y Él se llevará siempre toda la Gloria, lo que aconteció fue que Él nos creó a Su imagen y semejanza, esperando que comprendiéramos con claridad qué tipo de alabanza Él espera de nosotros y que se la demos. Sólo que el enemigo, Satanás, ha infundido el mismo sentir de orgullo, mismo que él tuvo cuando quiso tomar para sí la adoración que le pertenecía solo a Dios (Isaías 14:13), haciéndonos creer que somos o seremos dioses si se nos adora o idolatra por lo famosos, quizá, que seamos (Génesis 3:5). Adán y Eva cayeron con esta mentira, muchos cristianos caen con esta mentira y se olvidan de Dios, al hacer solamente el ritual de alabanza común que podrían hacer en sus fuerzas y esperar el comentario positivo del pueblo. Así que en nuestra humanidad llegamos a ver muchas veces cómo se ha idolatrado al hombre, se le ha sobre honrado si se pudiera usar este término, se le ha dado fama y de la forma que un hombre idolatra al mismo hombre, creemos que es la misma manera que se debe adorar a Dios, pero no es así, hemos perdido el verdadero sentir de adorar a Dios, hemos reducido a Dios a un ídolo y lo hemos intentado idolatrar por tanto tiempo.

"He aquí, yo estoy a la puerta y llamo; si alguno oye mi vóz y abre la puerta, entraré a él, y cenaré con él, y él conmigo.".
Apocalipsis 3:20

Él no se merece ser tratado como un ídolo, Él es el Rey de Reyes y Señor de señores, y como tal, nosotros debemos tener esa iluminación cuando nos presentamos delante de Él. ¿Cómo va Dios a levantarte en el ministerio, si tu revelación es idolátrica?, y hasta allí llega tu revelación, ¿crees que si te ha ido bien en dos, tres ministraciones, eso significa que Dios sonríe cuando lo haces? ¡No! ¿Realmente por qué motivo adoras a Dios, o realmente lo haces?

Dios nos hizo a su imagen porque deseaba que en nuestro corazón existiera la revelación de cómo espera que le adoremos y nos despojáramos de toda la Gloria, los aplausos y se los entregáramos a Él.

Creo firmemente que le causa una gran tristeza a nuestro Dios cuando Él nos levanta, y nos lleva a lugares especiales con Él, en una aventura tan especial, pero luego llenamos nuestra bolsita con trucos, vamos al mundo a entretener al hombre, y nos olvidamos de Dios.

Uno de los ejemplos más hermosos que encuentro en la Biblia acerca de la adoración es en el libro de Génesis, una parte de la historia de Abraham, y me ha impactado tanto, que pondré la cita completa:

Aconteció después de estas cosas, que probó Dios a Abraham, *y le dijo: Abraham. Y él respondió: Heme aquí. Y dijo: Toma ahora tu hijo, tu único, Isaac, a quien amas, y vete a tierra de Moriah, y ofrécelo allí en holocausto sobre uno de los montes que yo te diré.* Y Abraham se levantó muy de mañana, *y enalbardó su asno, y tomó consigo dos siervos suyos, y a Isaac su hijo; y cortó leña para el holocausto, y se levantó, y fue al lugar que Dios le dijo. Al tercer día alzó Abraham sus ojos, y vio el lugar de lejos. Entonces dijo Abraham a sus siervos: Esperad aquí con el asno,* y yo y el muchacho iremos hasta allí y adoraremos, y volveremos a vosotros. *Y tomó Abraham la leña del holocausto, y la puso sobre Isaac su hijo, y él tomó en su mano el fuego y el cuchillo; y fueron ambos juntos. Entonces habló Isaac a Abraham su padre, y dijo: Padre mío. Y él respondió: Heme aquí, mi hijo. Y él dijo: He aquí el fuego y la leña; mas ¿dónde está el cordero para el holocausto? Y respondió Abraham: Dios se proveerá de cordero para el holocausto, hijo mío. E iban juntos.*

Y cuando llegaron al lugar que Dios le había dicho, edificó allí Abraham un altar, y compuso la leña, y ató a Isaac su hijo, y lo puso en el altar sobre la leña. Y extendió Abraham su mano y tomó el cuchillo para degollar a su hijo. Entonces el ángel de Jehová le dio voces desde el cielo, y dijo: Abraham, Abraham. Y él respondió: Heme aquí. Y dijo: No extiendas tu mano sobre el muchacho, ni le hagas nada; porque ya conozco que temes a Dios, por cuanto no me rehusaste tu hijo, tu único. *Entonces alzó Abraham sus ojos y miró, y he aquí a sus espaldas un carnero trabado en un zarzal por sus cuernos; y fue Abraham y tomó el carnero, y lo ofreció en holocausto en lugar de su hijo. Y llamó Abraham el nombre de aquel lugar,* Jehová proveerá. *Por tanto se dice hoy: En el monte de Jehová será provisto.*

Y llamó el ángel de Jehová a Abraham por segunda vez desde el cielo, y dijo: Por mí mismo he jurado, *dice Jehová, que por cuanto has hecho esto, y no me has rehusado tu hijo, tu único hijo;* de cierto te bendeciré, y multiplicaré tu descendencia *como las estrellas del cielo y como la arena que está a la orilla del mar;* y tu descendencia poseerá las puertas de sus enemigos. *En tu simiente serán benditas todas las naciones de la tierra,* por cuanto obedeciste a mi voz. *(Génesis 22.1–18)*

Al leer este pasaje, lo primero que llama mi atención es que nuestro Dios, antes de usar a Abraham, lo pone a prueba, creo que con el propósito de obtener lo mejor de él.

Muchos músicos, o supuestos adoradores, no han pasado el tiempo que deberían pasar con Dios ni siquiera para que se acercara y buscara probar sus vidas, lo cual es muy triste incluso mencionar, la pregunta es: ¿Qué hacemos queriendo ministrar entonces? Muchas veces solo buscamos brillar en los más jugosos escenarios, y sabes bien a lo que me refiero, cuando estás haciendo un excelente trabajo de alabanza y escuchas los gritos y aplausos del pueblo, y puedes sentir una satisfacción que realmente es carnal, e inclusive a veces expresas una sádica sonrisa de satisfacción. Esta actitud habla de un corazón que necesita ser tratado y probado por Dios. Debemos ser encontrados en humildad en todo momento de nuestro desempeño delante de la alabanza y adoración a nuestro Dios.

La prueba más grande que encontrarás será entregarle a Dios lo que más amas, y por supuesto fue Él quien te lo dio.

La prueba que Dios le pone a Abraham es que le entregue lo que el más ama, su hijo, su único, su promesa, lo que él tanto había esperado y anhelado. Cuán difícil fue para Abraham siquiera concebir la idea de sacrificar a su hijo.

Estamos tan entretenidos con nuestro don de adoración y nuestra capacidad musical que nos olvidamos de quien lo puso en nuestra vida, que llega el punto en el que es más importante para nosotros el regalo que quien nos dio el regalo.

Tan entretenidos queriendo grabar nuestro primer o equis número de CD, que ignoramos la voz de Dios diciendo: ***Tan solo pasa un momento más conmigo, las invitaciones a que ministres y hagas fama llegarán, pero hoy y siempre lo que más anhelo es que pases tiempo en mi Presencia, conociendo a la perfección la hechura de mi trono, el cual es mío y de nadie más.***

Solo podremos conocer su trono y su Presencia mientras pasemos tiempo cerca de Él.

Abraham decidió obedecer (1 Samuel 15:21). Se levantó muy temprano por la mañana (Proverbios 8:17) y se preparó para obedecer. La Biblia no dice si cuestionó o no, tampoco dice qué actitud tenía, pero déjame decirte algo, si te pide Dios que entregues lo que más amas en la vida, vas a llorar como nunca lo has hecho. Así que digamos que Abraham está llorando como nunca y su esposa lo ve de esa forma y le pregunta por lo que pasa, a lo cual él responde, necesito ser probado en mi obediencia a Dios (o sea, "Adoración", y ahorita verás por qué). En el verso cinco dice que ambos, Abraham e Isaac, adorarían, y aclara que volverían.

Esto es lo que creo, que cuando le entregamos a Dios lo más preciado que tenemos, esa es la más grande muestra de lo capacitados que estamos para adorar a Dios, ya que después de entregar esto, no hay otra cosa en nuestra vida que le negaríamos.

También cabe recalcar que un verdadero adorador entiende que aunque le entreguemos todo lo que tenemos y somos a Dios, Él nunca nos dejará ni nos desamparará.

Ahora ilustra lo siguiente en tu mente: Dios no le dijo: "Te estoy probando, realmente no vas a sacrificar a tu hijo, solo quiero ver si obedeces". No, Dios lo llevó hasta el último momento, personalmente creo que Abraham ya estaba en el punto de no retorno, en la resignación final, en el momento en el que toda su vida y esperanza colgaban de un hilo de obediencia. Isaac asustado, confundido y llorando, "¿Por qué me haces esto, papá?", Sara, la que se había reído de la idea de concebir un hijo en su vejez, ahora lloraba la idea de que ahora sí, nunca concebiría una familia en lo absoluto, y aunado al dolor de perder a su hijo, vivió la prueba más grande de su vida. Abraham, llorando su obediencia, levantando el cuchillo para proceder con el sacrificio, rompe con todas sus esperanzas y sueños, y en ese instante escucha la voz de Dios, quien le reconoce algo que para muchos adoradores pareciera insignificante: Temes a Dios (Verso 12).

Es tan claro que Dios llegó a ser el principal proveedor de Abraham, y el centro de todo lo que hacía, no había lugar para la auto exaltación, ni para el ego, ni para soberbia (Salmos 19:13), solo así Abraham le demostraría a Dios que le iba a obedecer siempre y que su dependencia era solamente de Dios y no de sus fuerzas (Proverbios 29:25).

Solamente una verdadera adoración posiciona el Reino de Dios en una zona geográfica.

En el versículo 17 hace referencia a que su descendencia poseería las puertas de sus enemigos; ahora, el pueblo de Dios no conquistó a sus enemigos para quitar las puertas de sus ciudades y andarlas cargando a todos lados, es como cuando la Escritura dice que "... las puertas del infierno no prevalecerán.", no se refiere a que el diablo carga puertas por todos lados (Mateo 16:18).

Las puertas de una ciudad eran la entrada donde se sentaban las personas de autoridad, sobre todo para la revisión de documentos e intenciones de visita, una espacie de aduana, así que quienes se paraban en la puertas eran personas de autoridad a las que se les confiaba esa responsabilidad (Génesis 19:1).

El Señor quiere entregarnos la autoridad sobre nuestra ciudad y sobre todos los enemigos del Reino de Dios, solamente una verdadera adoración posiciona el Reino de Dios en una zona geográfica. Esto me recuerda cuando el Señor Jesús caminó por el desierto y fue tentado por satanás, esto lo veremos más a fondo en el capítulo seis, pero en concreto, el diablo le ofrece a Jesús quitarle todo a cambio de: "quitarle todo" (Mateo 4:9). Y el tipo de cambio se resumía en adoración.

Así que volviendo al tema de las puertas de nuestros adversarios, y cómo los vencemos en la adoración, quiero hablar de algunos.

La soberbia destruye todo lo que con esfuerzo has levantado.
(Santiago 4:6, 1 Pedro 5:5)

ADVERSARIOS DE NUESTRA ADORACIÓN

1. Nuestra mente (Colosenses 1:21)

Nuestra propia mentalidad caída representa el primer obstáculo del cual hablaremos, y en sí, se refiere a la revelación que tenemos de la adoración.

A veces, simplemente por querer complacer al pueblo comprometemos la adoración, hacemos lo que creemos que tocará el corazón de la gente y nos equivocamos en eso, ya que es el Espíritu Santo quien toca los corazones y los transforma. Quizá por simple hecho de querer hacer las cosas a la perfección tendemos a hacer a un lado la dirección de Dios en la adoración.

Creo que tenemos el entendimiento de lo que se siente ser alabado, ya que en algún momento hemos recibido gratificación y aplauso en cosas que hemos logrado a través de nuestra vida y quizá reconocimiento delante de otros.

Este sentir es uno de los más placenteros que podría tener el hombre, el sentir de la honra que va mucho más allá de cualquier otro placer físico sea cual fuere. Dicho esto, entendamos pues que si es cierto que nuestro corazón es engañoso, y que solo el Espíritu Santo conoce lo profundo de nuestro corazón (Hechos 1:24, 15:8), por lo tanto, podemos recargar este primer punto en que dejemos que el Espíritu Santo nos traiga revelación en lo que hacemos a la hora de adorar, que transforme nuestra mente de tal manera que podamos entregar lo que Dios se merece y de la forma en que se lo merece.

2. Soberbia

Siempre he pensado en una regla que he estudiado por mucho tiempo, que dice que siempre habrá alguien mejor que yo en algo que yo hago. Si buscáramos a tal persona, sabremos que aquellos que suben más alto en determinadas cosas que Dios los usa, la altura a la que llegan es proporcional a la humildad de su corazón. Es como si la humildad fuera el cemento usado para construir unas escaleras, así que, si solo aplicamos arena y agua a la mezcla solo se podrá hacer un montón de arena mojada y podremos subir lo alto que ese montón lo permita. Hay agua (unción), hay arena y grava (una base musical y enseñanza) pero sin el pegamento ideal para el fortalecimiento de la estructura, o sea sin el maravilloso polvo de cemento (humildad), no se podrá llegar muy lejos y nuestra edificación solo será como un montón de actividades y buenos cantos sin el reconocimiento del Espíritu Santo en ellos.

La soberbia destruye todo lo que con esfuerzo has levantado. Me atrevo a decir que aunque tuvieras un poco de unción, un poco de conocimiento musical, pero con mucha humildad tu interpretación llegaría hasta lo más alto de los cielos y a lo más profundo de los corazones de la gente.

3. Baal

Entonces Elías dijo a los profetas de Baal: Escogeos un buey, y preparadlo vosotros primero, pues que sois los más; e invocad el nombre de vuestros dioses, mas no pongáis fuego debajo. Y ellos tomaron el buey que les fue dado y lo prepararon, e invocaron el nombre de Baal desde la mañana hasta el mediodía, diciendo: ¡Baal, respóndenos! Pero no había voz, ni quien respondiese; entre tanto, ellos andaban saltando cerca del altar que habían hecho. Y aconteció al mediodía, que Elías se burlaba de ellos, diciendo: Gritad en alta voz, porque dios es; quizá está meditando, o tiene algún trabajo, o va de camino; tal vez duerme, y hay que despertarle. Y ellos clamaban a grandes voces, y se sajaban con cuchillos y con lancetas conforme a su costumbre, hasta chorrear la sangre sobre ellos. Pasó el mediodía, y ellos siguieron gritando frenéticamente hasta la hora de ofrecerse el sacrificio, pero no hubo ninguna voz, ni quien respondiese ni escuchase. (1 Reyes 18.25–29)

El significado del nombre "Baal" se refiere a toda adoración, exaltación, buena música, representación, así como muy buena interpretación, pasión y disposición, pero dirigido a "lo que sea y a quien sea" menos al Dios verdadero, nuestro Dios.

Es por eso que hay quienes piensan, por ejemplo, que las luces, el humo y el espectáculo son del diablo, y lo es cuando por tanto tiempo solo se le ha ofrecido a él.

4. Astarot (diosa del libertinaje sexual)

Uno de los problemas más comunes que he visto desde siempre en los ministerios de alabanza y adoración es el pecado sexual, y su trasfondo pareciera simplemente de naturaleza carnal, pero ha sido una artimaña que deberíamos ya conocer que ha usado el diablo para corromper los ministerios.

El sentimiento de auto-éxito-fama, y el hecho de estar al frente, la unción, la labor de ministrar, o hacer música, sea lo que hagas en este tiempo, provee una atmósfera deseable y atractiva, que si no somos cuidadosos se puede convertir en una amistad obsesiva o enfermiza; las cuales por lo regular terminan en pecado sexual.

Y dejaron a Jehová, y adoraron a Baal y a Astarot. Y se encendió contra Israel el furor de Jehová, el cual los entregó en manos de robadores que los despojaron, y los vendió en mano de sus enemigos de alrededor; y no pudieron ya hacer frente a sus enemigos. Por dondequiera que salían, la mano de Jehová estaba contra ellos para mal, como Jehová había dicho, y como Jehová se lo había jurado; y tuvieron gran aflicción. (Jueces 2:13-15)

Créeme, cuando te digo que ministrar en la presencia de Dios puede ser tan hermoso como tan peligroso si lo haces queriéndote burlar de Él.

Sé de la historia de un par de jóvenes en la CDMX, que dentro del grupo de alabanza de su iglesia mantenían relaciones sexuales en secreto, sin embargo un día se presenta un profeta en la iglesia y los desenmascara con su pastor, pero al negarlo ellos, les dice el profeta que no salgan del templo sin restaurar con Dios o puede ocasionar muerte a su vida. La joven no hizo caso y salió del templo, y al hacerlo cayó muerta, el joven quedó limitado mentalmente a partir de ese momento.

No te digo esto para asustarte, solamente lo digo para que hagas conciencia de que es mejor hablar con tu líder de las luchas que tienes y que busques ayuda para que puedan sobrellevar lo que viene en contra de tu ministerio. No pienses que por quedar bien con la gente quedas bien con Dios.

Y él dijo: Yo he pecado; pero te ruego que me honres delante de los ancianos de mi pueblo y delante de Israel, y vuelvas conmigo para que adore a Jehová tu Dios. (1 Samuel 15:30).

Te invito a que leas la historia completa en la Biblia, pero en esta porción mira cuál era el verdadero interés del rey Saúl, verse bien delante de la gente, o sea, que no supieran lo que había acontecido y mantener su lugar un poco más de tiempo. Y si revisas cuál era la postura del rey David cuando pecó, su mayor interés fue que Dios no le quitara su "Santo Espíritu".

Volviendo al tema, quiero que entiendas que todos necesitamos ayuda en algún momento, pero esconder nuestra debilidad solamente dirá que la queremos atesorar, pero exponerla es la única manera de dar el paso para vencerla. Mira lo que hizo Jesús:

y despojando a los principados y a las potestades, los exhibió públicamente, triunfando sobre ellos en la cruz.(Colosenses 2:15).

Si en este momento vives con una lucha sexual, no pierdas el tiempo, ve con tu líder, no vayas con cualquier persona, o ve con tus pastores, y diles todo lo que sientes antes de que peques o seas expuesto para vergüenza. Exponlo tú primero, avergüenzas al pecado y a los demonios tú primero sacando de ti todo lo que no debe estar dentro, lo que no sirve y no te ayudará a crecer en el Señor ni a ministrar con autoridad (Colosenses 2:15).

Pero el rey Salomón amó, además de la hija de Faraón, a muchas mujeres extranjeras; a las de Moab, a las de Amón, a las de Edom, a las de Sidón, y a las heteas; gentes de las cuales Jehová había dicho a los hijos de Israel: No os llegaréis a ellas, ni ellas se llegarán a vosotros; porque ciertamente harán inclinar vuestros corazones tras sus dioses. A éstas, pues, se juntó Salomón con amor. Y tuvo setecientas mujeres reinas y trescientas concubinas; y sus mujeres desviaron su corazón. Y cuando Salomón era ya viejo, sus mujeres inclinaron su corazón tras dioses ajenos, y su corazón no era perfecto con Jehová su Dios, como el corazón de su padre David. Porque Salomón siguió a Astoret, diosa de los sidonios, y a Milcom, ídolo abominable de los amonitas. (1 Reyes 11:1-5).

Astarot está directamente ligada el pecado sexual, su traducción literal es: "Libertinaje Sexual" y se aplica a todos, en especial a los que desean servir a Dios adorándole.

REPASEMOS

¿Cuándo es que adoramos?

¿Qué es lo más importante en la adoración?

¿Cuáles son los cuatro enemigos a vencer en la adoración?

PARA MEDITAR

Recuerda una ocasión después de ministrar, adorar o dejarte usar por Dios que sentiste un profundo placer y orgullo; allá estaba la puerta para meter mano en lo que es de Dios.

¿Has pensado por qué la evolución de la música ha traído tanto desenfreno sexual a través de los años?

HAGAMOS ALGO AL RESPECTO

Busca humillarte ante el Señor antes de ejercer tu llamado y al finalizar tu participación.
Para tener autoridad en cualquier sitio geográfico (casa, escuela o trabajo), es necesario un altar de adoración y oración donde solamente Jesús sea exaltado.

FLUIR DIRECCIONAL

...cuando adoras vertical, significa
que toda tu atención está en Dios,
toda tu devoción está enfocada
en dignificarlo y no en otra cosa.

Solamente la profundidad nos hará estar insatisfechos con lo superficial
–C. Swindoll-

La mayor parte del tiempo ministramos a personas, o sea cantamos para ayudar a la gente a acercarse a Dios en sus problemas, retos y luchas. Inspiramos e impartimos alegría a sus almas, les dirigimos a que canten de una forma u otra, pero cuando hablamos de movernos en una dirección, esencialmente estoy hablando de adorar verticalmente, trataré de ponerlo en algunos puntos:

1. Es necesario tener un anhelo (Romanos 8:19)

Antes de que comiences a fluir en esta dirección, es necesario que poseas un anhelo nuevo, fresco y desesperado por Dios. Esto no se consigue en librerías cristianas, en un congreso o evento, es una inconformidad que no te deja dormir, comer o estar quieto, tiende a desesperarte.

Es que si no has probado la agonía de la desesperación no sabes de lo que te hablo, necesitas dejar el libro un tiempo y orar que Dios te meta a un desierto tan caliente y difícil que te haga ver las cosas desde una nueva perspectiva y te haga desesperarte como nunca lo has hecho.

Es indescriptible anhelar a Dios, no puedo ponerlo en una frase trillada, de gritos, movimientos corporales y agregar algo como lanzarte agua con una botella de agua mientras clamas. Pido disculpas si te ofende lo que digo, pero anhelar a Dios no se reduce a eso y el poder de Dios va más allá de modos y formas, de hecho, a ti Dios te puede usar de una forma que a nadie jamás ha usado y que quizá cuando lo haga muchos intentarán imitarte, lo cual no debe ser el objetivo por el que haces las cosas y, claro, que el día que busques copiar la unción de otros te darás tu primera, y si eres sabio, tu última caída en cuanto a escuchar y obedecer la voz de Dios, actuando dentro de la medida de fe que a ti te dio.

¿Alguna vez te has enamorado de tal manera que pasas el tiempo pensando en esa persona, y no solo eso, sino que buscas cualquier oportunidad para hablar con ella y estar a su lado? Anhelar a Dios va mucho más allá de eso, es como estar muriendo en vida, es terrible, es espantoso, es querer morir en ese instante, casi como querer quitarte la vida (terrenal) para que puedas verle cara a cara y pensar que le va a gustar que lo hagas porque tu deseo más grande es verle y estar con Él. Y por supuesto que nuestro objetivo no es quitarnos la vida, solo quiero que entiendas lo que quiero decir cuando hablo de anhelar ardientemente algo, das la vida por ello.

Sin un anhelo es imposible que subas al siguiente escalón, estarás haciendo música, leyendo, escribiendo o predicando hasta que tu cuerpo te lo permita, o hasta que te ocupes de algo "más importante" o alguien te supla, con esto no digo que no sea importante hacer lo anterior, solo digo que un anhelo por Dios es devastador, por ejemplo, Moisés en la Biblia (Éxodo 33:18) le pide a Dios que le muestre su Gloria, creo que quería ver con sus ojos naturales lo espiritual, la advertencia de Dios fue que ningún hombre después de ver su rostro permanecería vivo en esta tierra, y aun así Moisés se arriesga a obtener todo lo posible de su relación con Dios, inclusive no se atrevía a avanzar si Dios no iba con él (Éxodo 33:15). Sabemos que Dios hablaba con él, sabemos que vio a Dios aunque no su cara, y este fue el instante en el que las tablas de la ley estaban por ser escritas y su rostro resplandecería, o sea que todos lo notaron y supieron que había estado en contacto con lo santo.

Quiero que entiendas que el día que te acerques a Dios lo más cercano que en esta tierra vayas a estarlo, disculpa si tengo que redundar, pero es necesario puntualizar, ese día el ministerio de tu vida va a cobrar la mayor fuerza que jamás haya tenido, no sé si estás entendiendo lo que trato de explicarte, pero lograr estar tan cerca de Dios debería ser nuestra prioridad antes que incluso hacer ministerio, cualquiera que fuere, ya que desencadenará y catapultará nuestra vida a la dimensión donde Dios nos quiere usar plenamente y tocar nuestro mundo a través de nosotros. Con esto de igual forma quiero puntualizar que seas quien seas, incluso quien hayas sido, la medida en la que vivas cerca de Dios determinará la dimensión en la que te moverás en "cualquier" cosa que hagas.

Lamentablemente muy pocos entienden esto y pasan su vida buscando ministerio para sí mismos, otros ministerios que los eleven, plataformas que les impulsen, conexiones que les adelanten, etc. Cuando lo único que deberíamos estar buscando es su Gloria.

2. Vertical

Significa: "hacia arriba", cuando adoras vertical, significa que toda tu atención está en Dios, toda tu devoción está enfocada en dignificarlo y no en otra cosa. Con esto aclaro que no estoy en contra de las alabanzas que invitan al pueblo a expresarse a nuestro Dios de la forma que la Biblia describe, con danza, con gritos, con saltos, con aplausos, etc. Ni tampoco estoy en contra de los cantos que ministran el corazón de las personas, lo que quiero decir es, cuando hablamos de algo vertical, es como una escalera que conecta la tierra y el cielo, y la adoración baja al corazón de una persona terrenal pero luego sube en forma de exaltación y total reverencia a Dios expresando sus atributos y declarando quién es Él, solamente la adoración, la letra o música inspirada por el Espíritu Santo logrará atravesar los cielos para tocar el trono de Dios.

Ahora dime, ¿cuál Dios vivo no estará dispuesto a visitar semejante adoración? (Salmos 22:3, Mateo 18:20).

Tómate una pausa en la lectura de este libro; puedes comenzar en este momento, dile quién es Él por unos minutos... ahora dile qué tan importante es Él para ti... ahora repite los dos puntos anteriores pero cantando, espero que hayas pasado por lo menos unos buenos minutos en su Presencia.

Quiere decir que todo se trata de Él y tú decides que Él se lleve toda la atención del momento y de todos los momentos. Ministras su trono, y lo que sucederá es que Él abrirá los cielos y el resto del pueblo, por naturaleza espiritual, correrá a la fuente de vida, tengo que decirte que un verdadero cristiano, una persona llena del Espíritu Santo sabrá cuándo se está moviendo la Gloria de Dios en un lugar, pero también lo sabrá un pecador, y también los demonios. Así que puntualizo lo siguiente, cuando verdaderamente adoramos a Dios, todo el ambiente que nos rodea se entera de que Dios habita la alabanza de sus hijos.

Alguien dirá que Dios tiene a los ángeles que lo hagan para Él, pero ellos lo hacen porque tienen esa asignación de parte de Dios. Tú y yo podemos decidir no hacerlo, y podemos decidir hacerlo. Ahora pon en la balanza a un ángel afinado y majestuoso cantando porque es su deber, y del otro lado un ser humano no tan afinado ni tan guapo, pero cantando porque algo arde en su corazón tan fuerte que *"toma la decisión"* de hacerlo; ¿cuál pesa más?

Sin ser religioso, solo uno de ellos va a hacer que el Dios todopoderoso se levante de su trono, y es aquél a quien Él creó a su imagen y semejanza, en quien puso eternidad, quien tiene la capacidad de entender qué clase de adoración espera y desea Dios, porque somos tan parecidos a Él que nada más necesitamos algo tan sencillo, que es negarnos a nosotros mismos, y toda la gloria que anhelamos para nosotros la sirvamos en una bandeja de adoración para Él.

Vertical es: Él, Él y Él... nadie más

Hace unos días pasé una semana en el hospital, atendiendo a mi esposa que sufrió un serie de eventos muy difíciles, primeramente, en el año 2012 vivíamos en Michoacán, México, y estuvimos atendiendo un ministerio muy hermoso que era el legado de mi papá, y en ese año Cindi y yo esperábamos un bebé, a las 10 semanas aproximadamente, lo perdimos y no puedo ni siquiera comenzar a describir lo doloroso que fue para nosotros, que incluso ya teníamos su nombre, durante esas fechas decidimos salir de Michoacán y movernos al estado de Campeche, a unas veinte horas de viaje en automóvil, y dejando atrás ese dolor, decidimos continuar con nuestras vidas, pensando y creyendo que tendríamos una nueva oportunidad para tener nuestros hijos.

"Pero tú eres santo, Tú que habitas entre las alabanzas de Israel.". Salmos 22:3

En efecto, a finales del año 2013 nuevamente recibimos noticia de un embarazo muy hermoso, una nueva oportunidad y un nuevo nombre, pero a las 19 semanas, el corazón de nuestro pequeño Johan dejó de latir y nuevamente pasamos por el torbellino del dolor que en el pasado habíamos sentido, y no conforme con eso, el día que Cindi tuvo que ser atendida para la expulsión, en el momento de dejar el consultorio, un conductor ebrio chocó nuestro auto y le destruyó totalmente la parte trasera estando Cindi, mi suegra y yo dentro del auto. De cualquier forma salimos del problema del auto, pero esto aún no terminaba, precisamente un par de semanas después Cindi comenzó a sentirse mal, con un dolor de cabeza insoportable de tal manera que a veces yo cometí el error de pensar que exageraba, hago un paréntesis aquí, si tu esposa te dice que algo le duele, y considerando el umbral de dolor mayor que normalmente poseen las damas, ese es un dolor que posiblemente tú, si eres varón, y yo no lo soportaríamos.

Después del dolor de cabeza, nos atendimos con varios doctores, pero las cosas empeoraban y no encontrábamos el motivo, pues ahora comenzaban convulsiones periódicas y pérdida del control desde su brazo hasta todo el lado izquierdo de su cuerpo. Entonces llegamos a la conclusión de que teníamos que llevarla a un hospital e internarla.

En efecto, el mismo día que llegamos al hospital le hicieron a Cindi un IRM (Imagen por Resonancia Magnética), y allí fue donde el neurólogo encontró el problema, mi esposa tenía bloqueada una vena en su cerebro y un segundo bloqueo antiguo, que creemos fue el que afectó en el 2012.

No quiero hacer largo este relato por lo que iré al punto, estando mi esposa en el hospital internada por una semana, me quedaba a dormir a su lado. Recuerdo un día que con muchos analgésicos Cindi se encontraba en cama, cuando estaban a punto de pasar por ella para llevarla a hacerle un electroencefalograma y ella tenía la música puesta, se bajó de la cama y en su bata de hospital se puso a cantar y a danzar, yo solo cantaba con ella desde mi asiento, de repente entró la enfermera y la vio de esta manera, asombrada, no sé qué pensó, pero vi su cara de tanto asombro, yo no supe qué decir, solamente entendí que a Dios se le da exaltación incondicional no importa la circunstancia en la que te encuentras, fue la prueba superada, nada iba a impedir que le diéramos lo que Dios se merece aunque estábamos en la que se podría decir peor circunstancia que nos había sucedido como matrimonio.

Cuando adoramos verticalmente estamos rompiendo la barrera del espacio y tiempo, alcanzando dimensiones que no muchos comprenden, adoración que cause terremotos literales, como en el caso de Pablo y Silas cuando estaban en la prisión y entonaban himnos.

Es como querer hacer una llamada internacional al precio de llamada local y con la fidelidad de una llamada que se hace desde la recámara a la sala, pero en este caso se trata de un túnel en el tiempo, un especie de agujero de gusano que cruza todas las dimensiones y alcanza a tocar el trono de Dios y entonces se cumple lo que dice la Escritura de que Dios habita la alabanza de sus hijos. No dice la emoción, el volumen, la orquesta, la afinación, etc. Dice que habita la alabanza, esto significa que es importante para Él que se le ofrezcan momentos y toda la vida declarando su poderío y majestad, y vuelvo a recalcar, el "dios" que sea más adorado y más tomado en cuenta es quien reina realmente, si tú le dedicas más tiempo a tu dinero, o a tu trabajo, o a tu casa que a tu Dios, entonces es necesario re-definir quién es realmente tu "dios".

Pero qué hermoso saber que cada uno de los atributos de Dios puede ser cantado, gritado, danzado, aclamado, etc., y que cuando lo hacemos "verticalmente" estamos ministrando el trono, y cuando el trono se pone en marcha, la iglesia es ministrada.

3. Es un misterio que se disfruta

Le digo misterio porque así lo llama la Biblia, el misterio del matrimonio, y claro que tiene todo que ver con el fluir direccional. De la misma forma que Cristo lava, cuida y se ha entregado por su Iglesia (Efesios 5:26-27), el marido debe lavar cuidar y entregarse por su esposa. Aquí hay mucha madera para cortar, pero no abundaremos tanto en los detalles de lo que debemos hacer dentro y fuera del matrimonio, pero veamos el porqué y el para qué.

Así como en el ejemplo que te di en el capítulo anterior cuando estábamos por ver una película con mi esposa, después de meditar, recordé que hemos sido creados a imagen y semejanza de Dios no solo de manera corporal sino que nuestra alma (mente) nos permite tomar decisiones, como diría normalmente uno, haciendo uso del libre albedrío. Y recapitulando en las cosas que Dios ha hecho y que aún hace, me pregunté si Dios teniéndolo todo, y no faltándole nada de ninguna cosa, ha movido tierra y mar, construido y destruido, ensuciado y limpiado; y todo por una creación como nosotros, por quienes nadie más daría nada, digo ¿qué necesidad tenía Dios de crearnos?, ¿qué le proveíamos que Él no lo tuviera?

Entonces entendí, y mi respuesta fue muy sencilla, lo tenía todo, pero no había con quién compartirlo, con quién disfrutarlo, alguien que también decidiera por su propia cuenta pasar el tiempo necesario para disfrutar a Dios, ¿no te parece asombroso?

Él quiere compartir momentos con nosotros, para eso nos creó, para estar con nosotros y a partir de ese punto le podemos añadir todo lo que gustes, reinar, disfrutar, crear, corregir, embellecer, etc.

Así que si no lo has hecho, si no has podido disfrutar de Dios, y no le has dejado disfrutar de ti, te has limitado a la música o a los cantos cristianos populares o vanguardistas, o mejor dicho, comerciales, y claro, eres ministrado, pero sabes cuánto potencial hay en ti para ministrar el trono de Dios que el estar tomando para ti aceite de otros ha opacado el tuyo propio, y realmente lo que Dios quiere es el aroma de "tu" perfume, no el de tal o cual grupo que ministra muy bien.

Es tiempo de que se levante una generación de adoradores que no dependan de las tendencias que ha impuesto el sistema de este mundo, que incluso podría ser la misma Iglesia, y se crean en su corazón que Dios les ha creado con un propósito mayor que simplemente existir. ¿Sabías que tienes en ti la capacidad para disfrutar a Dios? Si no lo sabías, hoy te lo digo, no necesitas de ningún otro mediador, deja a los mediadores, entra en tu habitación y dale al Señor todo lo que tienes para Él y serás recompensado en público. Sí Señor, serás famoso (Mateo 6:18), y Él se encargará de hacerte famoso, porque entre más le disfrutas en privado, más puede confiar un mayor peso de gloria a tu vida y te hará famoso para que todo el que te conozca en la tierra pueda ver a Jesús en ti (Éxodo 34:29).

Así que, adelante, ve y disfruta de nuestro Dios que está esperando en el lugar donde lo dejaste, en el último canto con el que le cantaste que hizo que se conmovieran los cielos y bien sabes de lo que hablo, regresa a ese sitio, olvídate de todo lo popular que habías estado escuchando y cantando, borra de tu computadora cada canto que no sientas que ministre a tu Dios, ni a tu vida, y comienza a escribirle algo a tu amado, cántaselo, así con la voz que tienes, sea tenor o soprano, aunque desafinada o asuste.

REPASEMOS

¿Qué significa que la adoración sea vertical?

¿Cuál es uno de los propósitos por los que tenemos semejanza de Dios?

PARA MEDITAR

¿Recuerdas cuál fue el último lugar y momento en el que estabas totalmente rendido, quizá llorando, derramando tu adoración al cielo?

Le escribiste algo al Señor de tu corazón, pero quedó en un recuerdo casi en el olvido.

HAGAMOS ALGO AL RESPECTO

Regresa a ese sitio hoy mismo, pon o toca el mismo canto, busca ese lugar, Él te está esperando.

Busca el canto o la letra que le escribiste y entrégasela, no importa que no la estés grabando en un CD, y espera un resultado favorable de parte de Dios.

FLUIR CONGREGACIONAL

Mientras toda esta polémica se convierte
en farándula, en burla, hijos peleando en casa
por la silla principal, la silla del maestro,
del que brilla, hay una persona que llora.
En efecto llora y a cántaros, la palabra nos enseña
que podemos contristar al Espíritu Santo
(Efesios 4:30)

Se trata de unidad (Efesios 4:16, Colosenses 2:19)

Cuando hablamos de congregación, nos referimos al momento en el que no eres tú solo adorando, si no que hay dos o mil reunidos, estamos hablando de un grupo de personas que en unidad tocan el corazón de Dios con su adoración. Cuando leemos en el libro de Hechos que los discípulos estaban en el aposento alto, leemos que estaban juntos, unánimes, todos (Hechos 2:1). Ojo con la palabra TODOS, y con esto quiero fijar un principio, Dios se mueve más cómodamente cuando hay unidad con todos, no con algunos o con "grupos" o con "preferidos". La mejor adoración la puede dar un grupo del tamaño que sea, si "todos" estamos en unidad, sean dos o más. Qué curioso que el Señor no dijera si uno se reúne, y tú podrás decir, pues yo me reúno con el Espíritu Santo y ya somos dos, pero no funciona así, el Espíritu es el amigo del novio, vino a ser nuestro apoyo, a prepararnos para el novio, como Iglesia que somos, se trata de que nosotros cumplamos el mandamiento de Jesús que nos amemos los unos a los otros (Romanos 13:8), y estemos en unidad entre nosotros, eso demuestra el amor que nos tenemos y que no estamos buscando cada quien lo suyo propio.

Mi mayor anhelo es que en cualquier lugar que se comparta la palabra, haya unidad en el Espíritu con TODOS los presentes y eso, estoy seguro, que desencadenará la presencia de Dios de una manera poderosa.

Analicemos un pasaje en la Biblia, cuando Jesús dio la instrucción a Pedro a ir mar adentro y tirar sus redes (Lucas 5:4), me impresiona saber que aunque Jesús no dio la instrucción a todas las barcas, todas las barcas fueron bendecidas, y veamos por qué, es muy probable que Jacobo, Juan y Pedro fueran compañeros de pesca (Lucas 5:10), pero piensa un momento, si las barcas estuvieran en conflicto, ¿habría sido el caso que le hicieran señas a la otra para que fuera bendecida? Creo que la respuesta es un rotundo no. Y razona conmigo, si no hacían las señas para recibir ayuda y compartir la pesca, ninguna barca habría recibido la bendición y la primera se habría hundido, con una pérdida mayor.

Jesús desea que nos alejemos de la tierra, nos metamos lejos en las aguas, hagamos lo que nos ha mandado a hacer (Ezequiel 47), y que mantengamos una actitud de unidad ya que será la clave para recibir una mayor bendición.

Las barcas son símbolo de nuestra vida personal, y sobre todo hace referencia a un lugar como la iglesia local, un lugar donde

Jesús observa nuestro trabajo y después decide en qué barca subirse.

Solo porque en un momento se sube a una barca no significa que no bendecirá a las otras, ya que cada una de ellas estaban en el mismo sitio "Genesaret" (Jardín variado y regado) que es como la Iglesia global, y si Jesús bendice a una barca, al estar en unidad, seguramente bendecirá a todas las demás, la clave es la unidad.

Hablando de unidad, he descubierto que Dios a cada persona nos habla y se nos revela de diferentes maneras, he llegado a frustrarme cuando estoy mirando que Dios habla a alguien y a mí no me lo dice, y a veces me dice algo que no le dice a las demás personas. Allá reside el secreto, que si estamos en unidad todos recibiremos su revelación, su instrucción y su bendición.

En una ocasión, con una persona, no siempre fuimos buenos amigos, hubo muchas diferencias, a veces yo procuraba su amistad y él la negaba, a veces él procuraba mi amistad y yo me resistía, al grado que lo peor que pasaba es que no nos comunicábamos y sucedía que al no comunicarnos, no había un acuerdo en el trabajo que necesitábamos desempeñar para la obra de Dios, hasta que llegó el punto donde decidimos hablar con firmeza. Resulta que el Espíritu Santo nos pone un día juntos a platicar hasta que logramos entender un poco más del porqué pasaba lo que pasaba.

Esto nos llevó a recordar cada vez que hicimos algo juntos, en una ocasión estábamos ministrando en un congreso de jóvenes en una isla en Michoacán, cuando de repente la actividad se salió de nuestras manos y el poder de Dios cayó tan fuerte en ese lugar que los servidores que entraban al recinto caían al suelo solo al dar unos pasos dentro del local (Éxodo 40:35). Nunca nos dimos cuenta por qué Dios operó con esa libertad hasta ahora, estábamos unidos en el mismo sentir.

Y así cada vez que hacíamos algo juntos, veíamos el poder de Dios manifestándose, por lo cual también entendimos que el enemigo no anhelaba esta clase de unidad y por lo tanto iba a sembrar toda división y competencia que le fuera posible.

Así pues, cuando ministramos en la congregación, debemos tener un entendimiento; un solo elemento que esté fuera de conexión con lo que estamos haciendo puede echar a perder todo el trabajo que se ha estado haciendo, por lo cual es necesario que siempre conozcas a las personas que ministran contigo y tengas una excelente comunicación con ellos de tal manera que cada vez que algo les pase, tú puedas ministrarles y ayudarles.

Cuando entiendes que tú eres el instrumento

Me ha tocado ministrar la alabanza con excelentes músicos y muy ungidos, pero al no trabajar la unidad previa, y aunque eran músicos profesionales, parecía que la adoración no pasaba del techo de aquel lugar. Pero en muchas ocasiones, actualmente nos hemos presentado a adorar sin instrumentos, o con un instrumento solo, que aunque no me creas y parezca risible, no deja de ser verdad, con la batería sola, o bajo, o piano etc., no importa qué instrumento se esté interpretando, cuando hay unidad en el espíritu, siempre habrá una respuesta de parte de Dios.

Cuando digo sin instrumentos, me refiero a los creados por manos de hombres, porque si tú bien sabes, nosotros somos instrumentos vivos muy precisos para adorar a Dios. Tenemos las cuerdas, claro las cuerdas bucales que no dejan de ser cuerdas, y que literalmente puedes hacer cualquier acorde que gustes con ellas.

Tenemos los vientos, que de igual forma, al expulsar el aire de nuestros pulmones provocamos el sonido que sale y se convierte en la voz con la que cantamos.

Y al final también tenemos los címbalos resonantes, nuestras manos para aplaudir, nuestros pies para brincar, y estos también son instrumentos de adoración.

Cuando entendemos esto, ya no estamos preocupados por qué grupo va a tocar o quien va a dirigir la adoración, más bien revisamos muy dentro de nosotros si nuestra actitud nos va a permitir ser y portarnos como esos instrumentos que somos, de tal manera que podemos tener mil personas adorando con sus puras voces y la Gloria de Dios desciende en el lugar.

La gloria de Dios se presenta en un lugar donde pueda moverse con libertad y comodidad, sé exactamente lo que digo con comodidad, ya que a veces buscamos nuestra comodidad y es donde está el problema, cuando la realidad es que nos conviene que Él se sienta cómodo porque es Él quien queremos que se quede, que habite.

Mensaje con enfoque a la Iglesia:

Te hablaré como individuo y como Iglesia. Lo más hermoso que existe y podemos tener es su Gloria y su Presencia en cada día de nuestras vidas. No sé si te gustan las visitaciones, son tiempos gloriosos, tiempos verdaderamente anhelados pero nos hemos acostumbrado a ellos de tal manera que solo buscamos momentos y no permanencia. Esto debería sacudirte en este momento, Él quiere habitar con nosotros, tanto por el Espíritu que mora en nosotros, como manifestarse a través de nosotros y que cada día de nuestra vida esté lleno de su Gloria.

A veces hemos pasado tanto tiempo debajo de la normal que cuando alguien supera ese nivel, incluso lo vemos como un raro y de lo que realmente se trata es de que todos superemos la normal, la línea base, la normal de hecho, porque debes saber que tenemos un derecho como hijos de Dios, que es la entrada libre al trono de la gracia.

Para explicar mejor este punto, voy a desglosar cinco perspectivas que cambiarán la manera en la que vemos las cosas en el sentido de adoración.

1.- Perspectiva rey vs. príncipe

Lo primero que necesitamos tomar en cuenta es que existe un Rey, un único Rey de reyes y Señor de todo lo que hay, no existe otro como Él, nadie tiene la Gloria que Él tiene ni su Santidad (Apocalipsis 19:16).

Los presidentes, los emperadores, los reyes de este mundo, todos aquellos que tienen alguna clase de autoridad en esta tierra tiemblan ante Él, y lo curioso es que a veces ni se dan cuenta. Pero la promesa es que al fin, todo se postra ante Él, ángeles, demonios, pecado, grandes, chicos, etc., nada se puede quedar en pie delante de Él (Apocalipsis 5:8).

Nos queda claro el reinado de nuestro Dios y que, insisto, no hay nada ni nadie por encima de Él, que Él es soberano, omnipresente, eterno, omnisciente, todopoderoso, que el hecho de que Moisés viera todo esto de una vez, podría quitarle la vida, por eso solo vio la espalda, lo dice su palabra (Éxodo 33:23).

Ahora, el príncipe es aquel que está con la esperanza de convertirse en rey (Juan 14:30), tiene sangre real, mentalidad altamente dimensional, incluso tiene cierta autoridad sobre algunas cosas, puede dar órdenes, mover cosas a su conveniencia, por lo regular un príncipe sube al trono cuando el rey muere. No sé si sientes que alguien toca a tu puerta en este momento pero te estoy hablando cosas proféticas.

Aunque ande en malos caminos, un príncipe no deja de ser príncipe a menos que el rey lo destituya de su título, que él mismo renuncie a su cargo o que se levante en contra del rey y sea derrotado.

Satanás es el príncipe de este mundo, siempre ha querido ser rey y quedarse con toda la Gloria y adoración que estaba destinada para Dios (Isaías 14:13), en otra oportunidad explicaré el lugar donde quería establecer su trono, ya que jamás habría podido tomar el trono de Dios. Él se toma autoridad sobre este mundo y hace transacciones (Ezequiel 28:16), ya que necesita que un ser humano le abra puerta para que pueda operar en nuestra dimensión y todo está basado en intercambio, y la moneda es la fama, poder, dinero, almas, autoridad, dominios, áreas geográficas, etc.

Satanás fue creado por Dios, de tal manera que tiene vida en su dimensión porque Dios lo permite, o sea que algo de Dios aún tiene. Tiene mentalidad muy avanzada con ideas de dimensiones distintas porque vivió muy cerca de la presencia de Dios y conoce el proceder de Dios, solo que no puede hacer lo que Dios hace porque no tiene su poder ni sus atributos, pero no deja de ser el segundo ser más poderoso del Universo.

Viene a colación la pregunta, si es el segundo más poderoso del Universo, ¿por qué no nos mata simplemente y toma control de la tierra? Querido lector, quiero decirte que ese es precisamente el plan, que sus contrataciones alcancen a todo hombre y logre que el mismo hombre no solo se destruya a sí mismo, sino haga por completo a un lado su devoción por nuestro Dios. Simplemente lee un periódico hoy en día, cada vez hay más tolerancia para cualquier otra creencia o religión y secta, disfrazada de libertad de expresión, enmienda constitucional, etc., pero más oposición al evangelio de Cristo. Pero es tan sencillo como eso, si tienes oídos y ojos, te darás cuenta cuál es el juego que se está jugando en el ámbito espiritual.

Satanás puede mover cosas, dar órdenes y firmar contratos, incluso creyó que matando al rey podía tomar el lugar para convertirse en rey él mismo, ¿qué pasaba por su cabeza cuando hacía el contrato para matar a Jesús? Es tan grande su deseo de posicionarse en el trono que no pensó en las letras pequeñas de la constitución inicial de Dios donde ningún inocente debía ser muerto (Éxodo 23:7) y el poder que desencadenaría matarlo, por eso, aunque murieran miles de bebés en el tiempo de Moisés o durante el nacimiento de Jesús, fueran muertos tanto profetas y siervos de Dios, ninguna muerte se compara, por más terrible que fuera, con la muerte de Jesús, ya que Él en verdad era inocente, y la Biblia lo conoce como el cordero que fue inmolado desde la eternidad (Apocalipsis 13:8), qué impresionante saber que Dios ya sabía el resultado de sus planes y de los planes del diablo.

Así que mata al rey inocente, pero se queda con las ganas de ser rey, ya que nuestro Señor resucitó y ahora es coronado y sentado a la diestra de Dios el Padre.

En este momento entramos nosotros en la escena, Satanás no puede matarnos sin un contrato que nosotros hayamos abierto con él por cualquier área de nuestra vida, y aquí reside la importancia de estar bajo autoridad y rendir cuentas.

Me tomaré la libertad de exponerlo, mientras vivas bajo autoridad, y estoy hablando de alguien físicamente en este mundo a quien le rindes cuentas, estarás bajo la cubierta protectora, si se puede decir así, de ese hombre o mujer de Dios, y mientras vives bajo esa autoridad parece ser que todo lo que opera a favor del hombre de Dios, también opera a tu favor, ves que Dios se mueve poderosamente, pero te anticipo que el día que quieras hacerlo en tu propia fuerza y voluntad no tendrás el mismo respaldo y aprobación. De igual forma sigues vivo aunque has cometido errores, el diablo no te ha matado porque estás bajo esta protección que parece mística y risible, pero que no le quita lo real.

Ahora, aunque Satanás es príncipe y tiene poder y autoridad, también debe sujetarse a las órdenes de Dios, no puede hacer nada sin que Dios le permita (Job 1:12, 2:6). Incluso él debe pedirle permiso a Dios si quiere hacer algo, y Dios puede permitirle en momentos específicos el permiso de hacer alguna acción, así como sucedió en el caso de Job, Dios le permitió actuar en contra de Job, pero le puso restricciones, las cuales Satanás acató al pie de la letra.

Satanás no tiene opción mas que moverse dentro de los límites que Dios le establece, así que nada de lo que hace podrá jamás sorprender a Dios.

Ahora sí, vamos al meollo de lo que quiero hablarte acerca de los reyes y príncipes.

Cuando tú actúas bajo la dirección del Espíritu Santo no tienes nada que temer, ya que ni el mismo diablo lo puede detener, aquí reside la inteligencia de un hijo de Dios, en que cuando luchamos en la constante guerra espiritual, nunca batallamos para nuestros propios deseos o anhelos, no luchamos por nuestra comodidad ni para defender siquiera nuestra posición, luchamos para que la voluntad de Dios se establezca en el lugar donde estamos, luchamos a favor del Espíritu Santo y con Él, ya que mientras estemos en su voluntad aunque el mismo príncipe venga a enfrentarte, tendrá que obedecer las órdenes y someterse a la autoridad del Rey de reyes. Tú eres un portador de la presencia de Dios y un embajador del Reino de Dios (2 Corintios 5:20), así que te mueves basado en la voluntad de Dios y en sus propósitos y nada absolutamente te hará retroceder.

2.- Perspectiva facilitadores vs espectadores

Es necesario recordarte la costumbre que hemos heredado por años respecto a lo que llamamos un culto o un servicio, y por lo regular se refiere a ir a un sitio y recibir un buen mensaje, escuchar una buena ministración musical y sentirte bien contigo mismo, si diste o no diste diezmo u ofrenda, y el problema no son las motivaciones, ya que la mayoría estamos buscando lo que nuestro ser nos dice que puede o va a complacer a Dios y a nosotros mismos. El problema es que esas buenas motivaciones vinieron de una persona que no se tomó la libertad de enseñar e impartir en otros lo que él mismo sabía, lo que nos convierte en "pastores buenos", cuando necesitamos ser como el "buen pastor".

Aquí viene un punto crucial para la vida de un cristiano, no sé si recuerdas aquel misionero que lo dejó todo en su nación y vino a tu país a establecer la obra para el Reino de Dios, plantó la iglesia, la escuela y otros ministerios, todo lo pago él, y durante su vida se entregó a la gente y se dedicó a darlo todo. Por mucho tiempo hemos asistido al templo y la cultura nos fijó la idea de que el templo era el lugar donde dejábamos las cargas, el pecado y todo lo malo a los pies de Cristo y al mismo tiempo el lugar donde recibiríamos paz, reposo y ayuda de parte de Dios y de la iglesia, pero hay algo muy curioso dentro de todo esto, en esta cultura tradicional todo parece existir en el templo para acomodar y satisfacer a la gente, venimos a la iglesia pensando que nos ayudarían con nuestro matrimonio, con nuestros problemas que habíamos cargado por años, e incluso con nuestras deudas.

Es en ese hecho donde reside el problema, ya que fijábamos nuestra mirada en nuestra satisfacción, al grado que podíamos decir si la música, si el mensaje, si el trato fue el agradable a nuestro criterio y nos convertimos en espectadores de la actividad eclesial, como un parásito del sistema religioso, el cual debía cumplir nuestras expectativas, porque si no, simplemente buscábamos otro lugar que "sí es el correcto" o mejor dicho, el que nos acomodaba mejor.

¿Te puedo preguntar algo?, ¿de cuántas iglesias o templos has sido miembro?, ¿cuál era el problema del primero? y ¿del segundo?, etc. Y la pregunta del millón ¿por qué si según tú no era la adecuada, no hiciste algo para hacerla la adecuada? Digo, por lo menos hablar, preguntar, invitar, opinar, sugerir y volver a preguntar, buscar soluciones. Y quizá ahora me quieras preguntar ¿y esto qué tiene que ver con adoración? TODO, Dios no nos ha llamado a ser espectadores ni de música, ni de cultos, ni de programas o actividades, mucho menos nos ha llamado a ser tan solo espectadores de su Presencia o de la obra de su poder, es terrible cuántas personas viven de esa manera, viendo, y viendo un poco más, pero nunca haciendo algo.

Dios nos ha llamado a ser facilitadores, colaboradores con el Espíritu Santo para que su voluntad gloriosa sea realizada en cualquier lugar donde en Su nombre se reúnan dos o tres (1 Corintios 3:9), a facilitarle las cosas al Espíritu Santo, en pocas palabras, estorbarle lo menos posible para que pueda actuar con libertad, proveer para que todo funcione sin distracciones, y que aquellos que necesitan conocer a Dios puedan entrar sin obstáculos y presentarse delante de Él.

Somos facilitadores cuando entendemos que nosotros podemos generar la atmósfera donde Dios se puede mover con comodidad y, sobre todo, con libertad (Mateo 18:20), cuando no hay otra agenda escondida ni otra motivación especial de gloria personal o fama.

Facilitador es aquel que desea que toda la obra que va a hacer la otra persona se haga sin estorbos ni contratiempos, proveo lo necesario para que fluya con libertad, preparo y limpio el área para que pueda moverse con facilidad de modo que aquel para quien se es facilitador pueda cumplir con total plenitud el trabajo que vino a hacer (2 Corintios 9:8).

Facilitador también tiene todo que ver con que tengas el deseo de ver la obra de Dios crecer y manifestarse en otros más que en ti mismo (Hebreos 1:9), y aquí reside el valor de una oración que Dios contesta, busca en la Biblia donde dice que Dios le ha ungido más que a sus compañeros, a veces queremos que Dios nos dé una unción mayor que a nuestros compañeros, la queremos presumir, mostrar y recalcar; pero la verdadera oración sería que Dios ungiera más a mi compañero que a mí, y creo que la responderá, lo único que hay que revisar es si vas a estar contento con el resultado final, el cual es que la obra de Dios y su voluntad sean hechas.

Así que, si podemos hacer una oración de tal naturaleza, ¿por qué no podríamos servir como plataforma para aquellos que están a punto de ser usados por Dios para hacer proezas? Creo que he dado en un clavo muy duro aquí, el egoísmo, quizá por mucho tiempo has deseado todo para ti, la unción, el llamado, la plataforma, el púlpito y el reconocimiento, pero ¿eres capaz de desearlo para alguien más? Déjame decirlo de otra forma, ¿te atreverías a ceder tu lugar cuando haya gloria en el ruedo? y ¿aun cuando no haya? Piénsalo bien, que de esto depende tu futuro crecimiento.

Necesitamos aprender a decir como Jesús dijo alguna vez, "Ustedes mis discípulos harán cosas mayores que yo" (Juan 14:12). Es una declaración muy poderosa, el maestro diciendo a sus seguidores una frase como esta, la cual si a mí me la dijeran estaría brincando y celebrando que la gloria siguiente es la mejor que ha habido hasta ese punto y nunca la Gloria de mañana es peor que la de hoy, siempre la Gloria siguiente (Hageo 2:9), la postrera, es mejor que la anterior, la primera; por esto siempre insisto en decir y recalcar que es totalmente correcto cuando no sabemos con exactitud lo que Dios va a hacer, y es correcto también cuando no nos da los detalles de lo que va a hacer.

De esta manera tiene Él la libertad de hacer en su soberanía todo lo que quiera mientras no haya alguien estorbando, queriendo agregar o forzar su programa o idea, debemos ser facilitadores para nuestro Dios y su Presencia, donde no nos pongamos en su camino deteniéndolo con nuestra forma de pensar o nuestras comodidades, facilitar también incluye dar lugar al crecimiento ministerial de otras personas, aunque parezca un poco contrario a nuestra manera de pensar, el plan siempre ha sido que lo siguiente sea mejor que lo anterior, que la persona siguiente sea más poderosa, ungida y usada por Dios que la anterior, es como el profeta Eliseo que buscó y obtuvo la doble porción de la unción del profeta Elías (2 Reyes 2:9); así lo hizo Jesús con sus discípulos. Pero este fluir fue menguando durante los años de tal manera que hoy la mayoría está buscando lo suyo propio y muchos han muerto en cuerpo llevándose secretos que deberían estar funcionando el día de hoy, busquemos lo mejor para el Reino de Dios, busquemos Su justicia y estoy seguro de que nada nos faltará (Mateo 6:33), ahora no importa cuánto hayamos logrado en esta tierra, en nuestro ministerio y con la ayuda de Dios, siempre estaremos en lo poco, y cuando crezcamos y veamos más Gloria, creamos que eso también es lo poco, es como caerse para adelante, ser la base donde otros tantos se paran para desde allá crecer, y esto demuestra que estoy avanzando, no retrocediendo. Seamos facilitadores y no espectadores.

3.- Perspectiva, Espíritu Santo, eres una persona

Desde pequeño que aprendí a orar, o dicho de una mejor forma, a comunicarme con Dios, todo parecía cercano y muy parecido a un rezo, repetía constantemente palabras y oraciones que otros decían, creía que entre más tiempo durara hablando, más importante era mi oración (Mateo 23:14), un tipo de comunicación en una sola dirección en la cual yo enviaba un mensaje al cielo y esperaba que fuera escuchado y si acaso respondido, no tenía la certeza de quién escuchaba ese mensaje ni de qué clase de tecnología lo transportaba, solo me sentía bien siendo un transmisor elocuente con frases en evolución.

Después luché con una balanza en mano y la espada en la otra, cual Quijote pero creyendo que no tenía mancha, donde en un extremo de la balanza leía que hay que estar quietos para que Dios se presentara (Salmos 46:10), y el otro extremo donde dice "clama a mí y te responderé" (Jeremías 33:3), Dios hablando; pero lo interesante es que dedicaba más tiempo a contrastar y ver cuál pensamiento pesaba más y no me fijaba en mis manchas, las cuales en efecto, sí entristecían a alguien, a una persona. Y así estamos muchos cristianos, preocupados más por las formas, las maneras, las estructuras, los gustos, las costumbres, de cómo hacemos las cosas bíblicamente en la presencia de Dios, mientras que la palabra, la espada debe crear en nosotros una real consciencia, un temor profundo, un terror a estar lejos del camino de la santidad, del amor, del perdón.

"Porque donde están dos o tres congregados en mi nombre, allí estoy yo en medio de ellos.".
Mateo 18:20

Posiblemente algo de lo que escribo se parece mucho a la realidad, pero el efecto de la palabra de Dios en nuestra vida debe ser alejarnos de nuestra vieja manera de vivir, no tan solo de buscar cuál es el método correcto de orar o de cantar o de danzar, que si salto más alto ya es en la carne, que si danzo cuando el volumen de la música está bajo es una emoción, que si lloro o río, grito o me quedo en reposo, etc. Todas estas cosas causan polémica en la Iglesia y crean mayores dudas que convicciones, provocan divisiones, dan luz a sabios en sus propias opiniones (Romanos 12:16), maestros ciegos, guías de ciegos (Mateo 15:14), cuando la base de todas las manifestaciones debería ser el amor, que todo lo sufre y todo lo soporta, no algunas cosas (1 Corintios 13:7), la Biblia dice "todo", que el amor echa fuera el temor (1 Juan 4:18), y que el verdadero amor cubrió multitud de faltas (Proverbios 10:12).

Mientras toda esta polémica se convierte en farándula, en burla, hijos peleando en casa por la silla principal, la silla del maestro, del que brilla, hay una persona que llora. En efecto llora y a cántaros, la palabra nos enseña que podemos contristar al Espíritu Santo (Efesios 4:30), y en ocasiones lo hacemos, y para no ser muy dogmáticos, lo pongo de la siguiente manera, si Dios nos crea con emociones, y Él tiene en realidad emociones, ya que nos ama, se entristece, se enoja, se alegra, etc., entonces las emociones son buenas y fueron creadas con un propósito y puestas en nosotros para un uso correcto, el problema es que vivamos de emociones y para emociones, con esto no te digo que seas solamente sensible a las emociones, ni mucho menos ir al otro extremo y ser una persona cerrada que no mueve un ojo, quiero que encuentres un equilibrio en el lugar privado, el lugar donde solo están tú y Él.

Aquí viene la clave, cuando oras a solas, cuando adoras a solas, lo haces porque te ve la gente o lo haces para agradar al único que está en todas partes; y cuando estás en público reflejas ese mismo sentir a la hora de orar y adorar, o es posible que cambies tu forma debido a que la gente te ve, y si pasa lo segundo, seguramente tienes un problema creyendo que Dios no se agrada de lo que haces, o tienes un problema queriendo agradar a los que te ven, y esto aplica para los callados y conservadores así como para los gritones y que brincan mucho (Mateo 12:18).

Ahora, yo creí que todo lo que hacía le agradaba a Dios, pero no me enfocaba en lo correcto, yo puedo hacer cosas buenas e impresionantes pero quizá no sea el momento para hacerlas, de tal manera que aunque haga lo bueno, no da el resultado esperado y abro la ventana de la frustración a mi vida, luego miro a mi izquierda y otro hace algo tan sencillo que parece insignificante pero lo hace en el momento indicado y parece que le pegó justo al blanco. ¿No te parece como que hay alguien orquestando nuestras acciones y dirigiendo los movimientos de todo lo que acontece en la presencia de Dios? Se llama el Espíritu Santo y, en efecto, es una Persona.

Aquí viene el meollo de este subtema, y se trata de las veces que hemos catalogado o encapsulado al Espíritu Santo en un conjunto de prácticas e ideas abstractas, muchas veces místicas, lo admiramos cuando algo está sucediendo, cuando vemos algo que nos impacta, y quizá se trate algo más que lo que hacemos para Él o lo que Él hace por y para nosotros. Creo que se trata de una relación y con esto apelo a tu forma de orar, el Padre está en su trono siendo lo que mejor sabe ser (creo yo y lo digo con entendimiento personal) ser soberano, y mientras que el hijo se sienta a su diestra, y dice su Palabra que intercede también por nosotros (Romanos 8:34), analicemos algunas características del Espíritu Santo que vino de parte de Dios, está entre nosotros, está en nosotros (2 Timoteo 1:14), nos guía a la verdad (Juan 16:13), nos habla, nos recuerda las palabras de Jesús (Juan 14:26), nos ayuda a parecernos a Jesús (Filipenses 1:27), por el Espíritu Santo se nos han dado dones y herramientas para nuestra lucha espiritual (Efesios 6:10-20), pero nunca fue la intención de Dios que el Espíritu Santo fuera un tema de estudio, ¿por qué estudiaría yo a mi esposa, si vive conmigo? Dentro de nuestra relación le conoceré cada día más, pero un matrimonio no puede vivir unido por cartas, por fotos, por cantos ni ninguna otra cosa más que por la relación que se ha creado con el tiempo.

Cada vez que trates al Espíritu Santo como otra cosa que como una persona, le estás rebajando, le estás diciendo que solo le necesitas pero no le amas, tan sencillo pero lo diré, si tienes una hermosa flor, una rosa, tú la amas y la cuidas. La alimentarás dándole agua todo el tiempo que lo requiera, limpiarás sus hojas si se ensucian, creo que hasta le hablarás, pero si solamente la quieres, seguramente cuando se requiera la arrancarás para ponerla en un jarro de tu casa, y rápidamente morirá.

Desde que viniste a Jesús, cuando verdaderamente tomaste una decisión por Cristo, estoy convencido de que pasaste de muerte a vida (Juan 5:24), y entraste en un proceso en el cual para vivir en el Espíritu es necesario tener a aquel que sabe todo del tema, el Espíritu Santo que mora en ti.

¿Alguna vez le has escuchado tocar la puerta? ¿Le abriste la puerta? Es muy sencillo, queremos pensar que en Apocalipsis cuando dice "tocar la puerta" solamente es para aquellos que nunca han venido a Él, yo por lo regular no toco puertas de desconocidos (Apocalipsis 3:20), pero que quede claro, ese soy solo yo, ahora imaginemos que el Espíritu Santo mora en nosotros, vive dentro de este templo humano (1 Corintios 3:16), y comienza a tocar, parece ser que toca desde adentro hacia afuera. Son como llamadas de atención, parece ser que no vino a nosotros solo para acompañarnos durante el trayecto de nuestra vida, siento un dolor profundo cuando escribo esto, le dimos entrada a nuestra vida, le dimos quizá el mejor lugar en nuestro corazón, está ahí, sentado en el sofá de nuestra conciencia, en el límite de nuestra voluntad, sentado, por años.

Me duele pensar que hay aquellos que nos llamamos a nosotros mismos cristianos teniendo un huésped intergaláctico dentro de nosotros, con toda la información y dirección que necesitamos para ser más que vencedores (Romanos 8:37), pero este visitante solo está para que le contemos cosas y le pidamos cosas, vive sentado, adentro pero apartado, unido pero sin comunicación, una persona que puede escuchar y hablar siendo totalmente aislada y encajonada a nuestro deseo.

Es un pensamiento para mí terrible, me gustaría responderte la pregunta que te has hecho tantas veces, ¿por qué Dios no ha respondido tal oración que le has hecho? Muy sencillo, lo conoces pero no es tu amigo, lo tienes en tu lista de amigos pero no hablas con Él, ¿te suena familiar?

Ya es hora de afinar nuestro oído al Espíritu Santo, de tal manera que pidamos como conviene (Romanos 8:26), de acuerdo a lo que Él nos dirige y ha preparado para nosotros, y entonces estoy seguro de que nuestras oraciones serán contestadas. Una verdadera relación no se trata de solamente pedir cosas, no se trata de hablar en una dirección, también se trata de escuchar y de pasar tiempo con esa persona, de tener empatía con esa persona y llorar cuando llora, reír cuando ríe, hablar "su idioma", y la cosa se pone muy interesante.

Justo cuando escribo estas líneas, estoy regresando de ministrar una iglesia en Alemania, y desde hace más de seis meses he estado tomando clases de Alemán, y te voy a decir un secreto, las personas te honran y te respetan más cuando ven que estás realmente e incondicionalmente interesado en sus vidas. Ha sido un tiempo de bendición espiritual de magnitud sobreabundante, pero quiero que sepas que hablé su idioma y logré comunicarme casi un 80% del tiempo con personas que solo hablaban Alemán.

Con esto quiero decirte que hablar, orar y cantar en el espíritu sí tiene relevancia en tu edificación espiritual, estarás hablando con la persona que entiende el lenguaje.

A veces pasamos tanto tiempo decidiendo, esperando ser convencidos y deseando una nueva explicación del porqué hablar en el espíritu, yo tengo un pequeño y quizá no tan impactante argumento al respecto.

¿Alguna vez has escuchado a un satanista orar en sus lenguas? Y ¿crees que lo hace por diversión, para pasar bien el rato? Con esas invocaciones está desatando poder en contra del Reino de Dios y muchas veces nosotros estamos peleando entre nosotros y discutimos si deberíamos o no hablar en el espíritu.

Lo que quiero decir para finalizar esta idea es que el Espíritu Santo es una persona, y tendrás relación con "Su persona" siempre y cuando le trates como tal, y con el interés de una verdadera relación, entonces verás una transformación real en tu vida espiritual.

3.- Perspectiva Fluir vertical vs congregacional

Quizá lo más difícil para una persona que cree dedicarse al servicio de adoración a Dios es comprender este significado, que se trata sin lugar a duda de la diferencia entre aquel que cuando ministra, algo en el aire, por decirlo así, sucede, de aquel que haga lo que haga o intente lo que intente, no logra mover ni el polvo. La mayoría de las veces, como ministros, estamos ligados o, mejor dicho, dependientes del ministerio principal de la iglesia, templo local, lo cual nos da hasta cierto punto el "lugar" para ministrar y podemos disfrutar de ese lugar que con respeto y honra muchos miramos, el asunto aquí es que muchas veces dependemos de esa ligadura "únicamente" pero nuestra conexión a la fuente, esto es, al fluir del Espíritu Santo está fría y es la relación personal más importante que necesitamos por el resto de nuestra vida.

Por esta razón a muchos ministros de alabanza se les complica entender estos conceptos, y también un poco por el orgullo de pasar mucho tiempo en el altar, ya que debes saber que, después del predicador, los músicos son quienes pasan mayor parte del tiempo durante un servicio en el altar.

Veamos algunas facetas de ministración de alabanza

A. Ministrando por imposición

Recuerdo como si fuera ayer el día en que mi papá, el pastor de la iglesia me pidió, o sea, me exigió, o sea, me dio la orden de subir a ministrar con el piano y dirigir la alabanza en la congregación. Tenía tan solo quince años y nada de experiencia, mucho menos el entendimiento de lo que hoy lees. Lo único que sabía es dónde se encontraba cada nota y partí de ese punto, dos manos rígidas haciendo notas sencillas moviéndose locamente sobre cinco octavas en desatino, que aunque diera en las notas, había un acierto y mil errores, pero yo me sentía en paz porque lo hacía para "Honra y Gloria de Dios", según fui inicialmente instruido, para lo cual conocí por primera vez el amor y la paciencia de una familia espiritual, que a pesar del dolor de oídos, levantaban sus manos y disonaban conmigo.

Es que como mis papás eran pastores, ¡uf! yo tenía que ser ministro de alabanza, y con esto no digo que no lo fuera a ser, pero era más por imposición que por cualquier otra cosa.

En este escenario, no importa si cometes errores, al fin y al cabo el responsable final es el pastor, y finalmente puede rescatarlo con la predicación. Tú podrías básicamente hacer un terrible trabajo en la alabanza, pero el peso no cae sobre ti ya que no eres el responsable espiritual, por lo cual no te preparas, no buscas llevar una vida en santidad, y mucho menos te esfuerzas por mejorar tu excelencia para ministrar. Y aunque a veces te sale bien la dirección de alabanza y adoración, incluso te llegan a dar una palmada en la espalda, sabes que no estás dando ni lo que se espera ni lo que realmente puedes dar, es un pasatiempo, un relleno, el rato momentáneo de gloria que más que otra cosa, te regala el orgullo de pasar el rato en la plataforma.

Este primer punto es demasiado peligroso, ya que no hay un aporte real, estás recargado en el peso o, mejor dicho, la pared ministerial pastoral, hablaremos de esto en el siguiente punto.

B. Ministrando por posición

Cuando recibes tu posición, y tienes una preparación quizá musical y de dirección, es cuando llevas un paso más adelante que de imposición.

Aquí puedes o no depender de tu trabajo fuera del tiempo de los ensayos, puedes o no buscar una vida devocional, y sobre todo tener el deseo y el entendido de que vas a ministrar. El problema de la posición es precisamente quedarte ahí, como lo deseas y te lo dieron no necesitas hacer más que pararte arriba y hacer lo que sabes hacer. Te importa mucho la reacción de las personas a la hora de adorar, incluso exiges que adoren, canten, brinquen, griten, etc. Pero solamente es por posición, por lo tanto tu actitud es demandar adoración y alabanza antes que inspirarla o peor aún, estar inertes a la reacción del pueblo.

Aún dentro de este rubro estás recargado totalmente en la unción y responsabilidad de quien te ha pedido que ministres o cantes determinada canción, y tu esfuerzo es básicamente el necesario para fungir esa posición con el alcance que se te requiere, pero aun sabes que falta más, ya que todavía mides tu desempeño con la cantidad de aplausos y respuesta de las personas, con el asombro y con el ruido generado y a veces con el silencio generado. Te reto a que tu ministración de la alabanza no dependa de quien te puso en la plataforma, y tampoco descanse solamente en él (lo digo con mucho respeto y cuidado, ya que "siempre debemos honrar a nuestros pastores y líderes pero es indispensable una relación personal con el Espíritu Santo"). Entonces tu entendimiento sea tal que cuando subas, al pisar el lugar, hará que el ambiente se transforme.

C. Cuando ya entendí

Sucede que ya te cansaste de ver lo mismo cada domingo, te has frustrado de intentar cosas nuevas, diste palabra, cantaste ese poderoso canto en la mejor traducción a tu idioma, pero parece que el cielo sigue cerrado.

Quiero que entiendas, comprendas, abras tus ojos y tus oídos, que lo que hagas a partir de este momento te lleve a otro nivel de entendimiento. La próxima vez que vayas a un ensayo, o subas a la plataforma, puntualiza cada cosa que haces, cada movimiento, gesto, sonrisa o solemnidad, y pregúntate: ¿Por qué hago esto? Y específicamente cada acción, qué fundamento tiene y qué resultado me ha dado, lo hago porque vi a alguien hacerlo igual, por nervios, por orgullo, porque alguien me ve o para llamar la atención personal. Y créeme que te sorprenderás de las respuestas, que si eres sincero, tú mismo te darás. La mayoría de las cosas no sabes por qué las haces, simplemente las haces.

Vayamos al punto, vertical significa: "hacia Dios" y congregacional significa: "con el pueblo", y el pueblo siguiendo tu dirección.

El dato curioso es que no puedes dirigir o llevar a una congregación a adorar si primeramente no tienes el entendido de lo que es una adoración vertical, es muy probable que la gente cante un canto, quizá los impulses pero no les inspires, les empujes pero no los dirijas. Y este es el problema de muchos dirigentes de alabanza. ¿Piensas que solamente porque sabes algo de música y de canto, incluso algunas citas bíblicas y puedes movilizar al pueblo a hacer algo, este preciso hecho te garantiza que eres un adorador por excelencia? Lamento desilusionarte cuando te diga que también en un concierto se realiza exactamente el mismo procedimiento o ritual, alguien sabe música, alguien sabe dirigir e invita a la gente a cantar, brincar y danzar.

Tres claves útiles cuando ministras la alabanza

1. Muchas veces al iniciar la alabanza abrimos con una frase que dice, "puedes estar pasando por problemas", "deja tus problemas afuera y adora a Dios", y por consecuencia, gracias a tus palabras iniciales lo primero que le recuerdas a las personas es que tienen problemas y conflictos, y aunque intentabas algo con buena intención ya les diste un hecho muy claro: "Amigo que viniste hoy, te sientes mal y tu situación está mal, pero esfuérzate y adora, lo tenemos que hacer".

Sinceramente yo me siento terrible cada vez que voy a adorar a Dios y alguien me recuerda lo mal que están las cosas. Ahora, qué hago al respecto, sencillamente uso la palabra de Dios, sabes que en el cielo no habrá más llanto ni más tristeza ni dolor (Apocalipsis 21:4), qué hermosa revelación, eso significa que tenemos una oportunidad única mientras estamos en este cuerpo mortal de adorar en medio de las circunstancias. Tengo la oportunidad de levantar su nombre en medio de lo que sea que estoy viviendo, y eso, mi querido amigo, es tener una mentalidad diferente, una mentalidad vertical, se trata de Él y ni siquiera de lo bien o mal que me va en esta vida, que tal que Dios ha permitido que estés en esa situación, en esa enfermedad o en esa carencia porque quiere probar si aun así le adorarás (Job 1:21), y no tan solo porque es muy bueno el director de alabanza sino porque ya entendiste de qué se trata, y quizá piensas que es una herejía decir que Dios permita algo así sobre mi vida, quizá eres de las personas que piensan que las cosas malas solo les pasan a los que andan en pecado, pues te tengo noticias, Job era un hombre justo y en efecto Dios permitió que le pasara todo lo que le pasó con el simple hecho de probar hasta dónde llegaba su lealtad, fidelidad y justicia.

¿Recuerdas la ocasión que te bajaron de la alabanza por un tiempo, toda la mezcla de sentimientos que hervían en ti? Esa es tu respuesta, quieres hacer algo congregacional, es decir, con el pueblo, cuando no has entendido la parte vertical, y cuando entiendas la parte vertical, por naturaleza vas a dejar de subirle el volumen a tu instrumento durante la ministración para escucharte más; tú sabes qué significa esto, sabes lo que se siente, quieres sentir que estás haciendo algo sobresaliente, pero ojo en ese punto, ya comenzaste a adorarte a ti mismo y a tu destreza musical y al final es el equipo de alabanza que debe llevar al pueblo a adorar a Dios, si no fuera así, tomarías tu guitarra y serías una especie de trovador bohemio y te garantizo que no funcionará ya que Dios se mueve en la unidad, le fascina la unidad. Entonces, procuremos iniciar la alabanza y adoración inspirando antes que impulsando, pero antes de inspirar a la gente, nos encontramos en el punto vertical donde no eres tú el importante, ni si quiera la gente, sino es Dios el único.

2. Estaba en una reunión de pastores, y déjame decirte que lo más difícil en la alabanza y adoración que me he encontrado es lograr que pastores adoren a Dios, era un pequeño teclado de práctica para niños, sin pedal de "sustain", y con un micrófono. Tenía delante de mí a un grupo no pequeño de pastores y muchas ganas de adorar a Dios, dije lo siguiente: "Pastores, nosotros somos el modelo de adoración de nuestras congregaciones", y todos dijeron que sí al unísono, bueno, ya llevaba ventaja, por lo menos eso lo entendimos todos, después, como siempre lo hago, pedí que sonrieran antes de comenzar a adorar, ya que les dije: "En Su Presencia hay plenitud de Gozo y delicias a su diestra para siempre (Salmos 16:11)", era un punto perfecto para tocar la unidad y la adoración en unidad.

Había en ese lugar un pastor que había salido de otra congregación cuyo pastor también estaba ahí, no puedo dar más detalles de esto pero la clave era que en medio de su Presencia encontraremos delicias, y ¿qué son esas delicias? "Mirad cuan bueno y delicioso es habitar los hermanos juntos en armonía" (Salmos 133:1). Y en ese momento se desató una adoración en la cual perdimos la noción del tiempo.

Si queremos que nuestra adoración sea vertical debe estar enfocada en lo que a Dios le gusta, y te aclaro, a Dios le gusta la unidad (Juan 17:21), te repito esto, no es tu instrumento sobresaliente el que hará la diferencia, es la unidad en el equipo enfocado en entregar una adoración vertical, una unidad que va más allá de lo musical, la música se podrá sentir bien pero los demonios también se pueden sentir bien y quizá hasta danzar con tu música, y claro, piensas que estás haciendo un trabajo excelente pero eso que haces no está llegando al cielo, o sea, a Dios, esa unidad viene acompañada de santidad y de búsqueda de Dios en lo secreto, no abundaré en estos dos ingredientes, sé que tienes bastante material al respecto, solo te aclaro una cosa, yo no me tomaría el mejor vino del mundo en un vaso sucio, ¿lo harías tú? ¿Lo hará Dios?

3. La tercera clave que te daré se trata de nuestra consistencia como creación, nosotros hemos sido creados para alabanza de la Gloria de su Gracia (Efesios 1:6), o sea que dentro de nosotros, al momento de ser creados hay un espacio que nos dice o remarca parte de nuestro propósito que es alabar y adorar a Dios.

El problema es que muchas personas no lo saben y es necesario notificarles esta realidad, y al hacerles saber esta verdad necesitas gracia para que puedas despertar en ellos el deseo de hacerlo usando ese recurso que ya tenemos dentro, despertar primero ese conocimiento que ya existe el cual provocará una adoración automáticamente y no tendrás que esforzarte en arrastrar contigo al pueblo o empujarles para adorar a Dios, ya que en el momento que uses la palabra y la inspiración para dirigir al pueblo, el resultado del fluir congregacional será de grande bendición.

Muchas personas piensan que adorar es un sacrificio, que como en el antiguo pacto se ofrecían sacrificios ahora nuestro sacrificio es vivo por lo tanto tenemos que sufrir para adorar a Dios, lo cual es totalmente contrario al nuevo pacto, la adoración se disfruta al grado que aunque tu cuerpo pueda estar incluso limitado, tú adoras y alabas a Dios con toda tu alma, con todo tu espíritu y con todas tus fuerzas, en este punto todas las fuerzas se refiere a las que tienes, no a las que no tienes.

Usando estas claves envolvamos este capítulo diciendo que para lograr el éxito en la adoración grupal, debe haber éxito en la adoración vertical y para tener adoración vertical se necesita mucho entendimiento. Dios es digno de ser alabado (Salmos 18:3), adorado, exaltado y la manera práctica de hacerlo es hablar de quién es Él, hablar de sus atributos, y hablar de lo que ha hecho, de su gran obra. Cuando hablamos y mencionamos estos datos de Dios, estamos estableciendo su Reino, su trono en el lugar en el que estamos reunidos, es un principio muy sencillo, aquel que es adorado es el que está reinando, o mejor dicho, es al que se le acepta como rey de ese lugar.

Por eso, vertical es que se trata solamente de Él y de nadie más, hablamos de Él, le levantamos en alto, hablamos de su nombre y lo que significa cada uno de sus nombres, y, desde luego, hablamos de sus promesas, pero algo que crea la mayor fuerza en nuestra adoración es hablar de lo que hará, lo que Él dijo que haría, hablar de la restauración de Su Reino como en el cielo también en la tierra, esto es vertical y una vez logrado esto, estoy convencido que el grupo que está contigo simplemente seguirá tu dirección ya que la presencia de Dios no la podemos fingir, y cuando estás haciendo lo que debes hacer todas las dimensiones se darán cuenta de que Dios está en ese lugar no sólo como un atributo, sino con toda Su Presencia y Su Gloria, y eso, mi querido amigo, es más valioso que buena música, que buenas letras e impresionantes escenarios. Puede haber un lugar preparado, muy bello y adornado, pero vacío, pero puede existir un lugar que tú prepares, un lugar que quizá no tenga toda la tecnología de este mundo, pero tiene toda la presencia de Dios, un lugar que sane cuando alguien ingresa en él, un lugar que trae libertad, ya que donde Él está hay libertad (2 Corintios 3:17).

REPASEMOS.

¿Por qué adoramos en congregación?

¿Qué se necesita para lograr una adoración grupal?

¿Cómo establecemos el trono de Dios en el lugar dónde estamos?

PARA MEDITAR

¿Habrá en el cielo algún dolor, tristeza o deuda que trunque tu adoración? Por lo tanto, ¿crees que tu adoración hoy deber ser en medio de las circunstancias?

Si el Espíritu Santo es una persona, ¿por qué a veces solamente lo usamos cuando necesitamos algo?

HAGAMOS ALGO AL RESPECTO

La siguiente ocasión que tengas la oportunidad de adorar al Señor, no le adores por lo que sientes, adórale por lo que Él va a sentir.

Empieza a hablar con el Espíritu Santo que vive en ti, considerándole la importante persona que es, y observa la diferencia.

REINO

Cuando la iglesia aprende a adorar a Dios y a establecer un lugar donde Él se puede mover, estoy convencido de que esa Iglesia es la que figurará a la hora de ejercer autoridad y establecer el Reino de Dios.

Cuando hablamos de Reino, lo primero que necesitamos pensar es si se está haciendo la Voluntad de Dios, no podemos establecer Su Reino si no estamos en Su voluntad (venga Tu Reino, hágase Tu Voluntad en la tierra...) (Mateo 6:10), por eso cuando vemos a los que quieren hacer su propio ministerio, incluso se separan de su paternidad para empezar algo nuevo, entiendo que quieren y tienen una intención de establecer el Reino de Dios, su iglesia, un ministerio que le honre y le adore, pero debe ser hecho dentro de Su Voluntad. Fuera de su voluntad podremos tener la maquinaria y la tecnología cien por ciento funcional pero sin su aprobación, y por supuesto que Dios quiere que todos vengan al arrepentimiento y va a usar lo que en su soberanía requiera para lograr este objetivo (2 Pedro 3:9), pero qué triste que alguien pueda ser usado fuera de la voluntad y la aprobación de Dios, creo que sería la frustración más grande al final de mis días, haber logrado un gran ministerio y un alcance mundial pero fuera de su voluntad y aprobación, el mismo Satanás es usado por Dios pero no es aprobado. Creo que esto responde a la pregunta de por qué muchos ministerios hacen cosas que obviamente están incorrectas pero aun así Dios les permite continuar y no los destruye, ministerios que nosotros, si quizá estuviéramos en autoridad ya hubiésemos desacreditado y desechado, humanamente corriendo el riesgo de arrastrar con ellos a un pueblo que sinceramente quiera buscar a Dios (Mateo 13:29).

Podemos hacer cosas buenas y grandes sin estar en Su Voluntad, y la verdad es que no ocasionan ninguna reacción en Él, ya que lo más grande que podrás hacer en esta vida es cumplir Su propósito en tu vida, no tus propósitos por su muerte.

No te desesperes, haz lo poco en Su Voluntad (Lucas 16:10), sé fiel con ello, y seguramente Él te dará lo mucho cuando estés preparado, pero si te desesperas y quieres ya lo tuyo, te puede pasar como el hijo que pidió su parte de la herencia a su papá (Lucas 15:11), ya era heredero, ya le pertenecía todo pero le urgía tenerlo en ese momento, por lo cual, ya conoces la historia, no le fue bien hasta que tuvo que volver al propósito inicial, al lugar de donde se salió de la voluntad de su padre.

Si tú eres un hijo que haces cosas grandes y buenas, quizá un gran ministerio pero sabes que lo hiciste fuera de la voluntad de Dios, no seas orgulloso, vuelve a casa y restaura, repara el daño, sométete bajo la poderosa mano de Dios y Él te exaltará cuando fuere tu tiempo, el tiempo que Él diseñó para hacer Su Voluntad en tu vida.

Una Iglesia que adora es una Iglesia que reina

Vayamos al pasaje donde está Jesús lleno del Espíritu Santo siendo guiado al desierto (Mateo 4:1), y pasa cuarenta días sin comer.

De una vez rompe con la idea de que Dios no te hará pasar por desiertos, y con la falsa enseñanza que hemos usado por años al vender el evangelio diciendo que una vez que venga alguien a Jesús, todos sus problemas se resolverán. Lee bien lo que te digo, ni aun el estar lleno del Espíritu Santo te garantiza que no pasarás por desiertos, de hecho la Biblia dice que fue el Espíritu Santo quien llevó a Jesús al desierto.

En fin, está Jesús después de cuarenta días en el desierto y le da hambre, hagamos enfoque en las tres tentaciones que usó Satanás para con Él.

1. El pan.

En esta primera sesión, Satanás le ofrece pan para saciar su hambre, una necesidad básica de cualquier ser humano con estómago para comer, este es el mismo monte donde Moisés con el antiguo pacto había azotado la roca con ira y se había perdido la promesa de que entraría en ella.

Moisés en ese mismo sitio había reprobado, ahora el Espíritu Santo le dice a Jesús: "Vamos al desierto, a la roca donde el primer sacerdote del antiguo pacto reprobó, tenemos un asunto sin terminar".

Le dice Satanás: "Si eres el hijo de Dios, convierte estas piedras en pan", el punto no era si Jesús sabía que Él era el hijo de Dios, ya que justo antes de ir al desierto Dios lo había declarado delante de todos con una gran voz "este es mi hijo amado..." (Mateo 3:17). El punto es que Jesús no necesitaba ni necesitará pan, ¡Él es el Pan de Vida! (Juan 6:35), no necesitamos más piedras, ya fue cambiado el corazón de piedra por uno de carne (Ezequiel 36:26). Él se hizo carne, el terminó el asunto que Moisés dejó pendiente, quitamos la piedra, de todas formas no solo de pan terrenal vivimos, o sea del pan que venga de este mundo, sino del verdadero pan, la palabra de Dios, la verdad, Jesús.

2. La parte más alta del templo.

En esta segunda sesión, viene la parte que en alguna ocasión hemos conocido o atravesado, la voz que nos dice sencillamente ¡Quítate la vida!, arrójate que nada va a pasar, tienta a Dios, no hay problema, sube a ministrar en pecado, no importa que estés en fornicación, adulterio o desobediencia, sube tranquilo a ministrar que nada va a pasar, al fin y al cabo es para Dios, Él rescatará todo.

Ten mucho cuidado en este aspecto ya que si te metes con la presencia de Dios es muy seguro que algo poderoso pase en tu vida, pero como tú ya sabes y conoces la voluntad de Dios, realmente eso poderoso sería en tu contra y no a tu favor (1 Samuel 5:10). No tientes a Dios, el ministerio que tienes podría ser lo que Dios quiere bendecir por el resto de tu vida y si juegas con Él y lo arrojas esperando que Dios lo rescate, podría pasar todo lo contrario y destruirse.

3. Un monte alto.

Esta última sesión en el desierto es fundamental para ti si tú dices que estás en el Reino de Dios y aparte eres un adorador. Aquí la trampa fue más sencilla de identificar, por eso la oferta parecía la más grande jamás hecha por el diablo: "te daré todos los reinos de la tierra si te postras y me adoras", cual Alejandro Magno el conquistador, pero que solo logró conquistar la mayor parte del mundo "conocido", Satanás simplemente le ofrecía a Jesús ser el hombre más poderoso de la tierra.

Te lo pongo de esta manera, al hombre más poderoso del Universo le ofrecieron ser el hombre más poderoso de la tierra, qué locura ¿no? Pero el truco es el siguiente: si Jesús se postraba ante Satanás, en efecto podría haber sido el hombre más poderoso de la tierra, pero por tiempo limitado y bajo autoridad del diablo, ya que quien es adorado es realmente quien gobierna. El hecho de que Jesús se postrara implicaba que se hacía súbdito y se sometía al enemigo perdiendo su derecho universal, limitándose al terrenal, algo que seguramente recordarás que sucedió con Adán y Eva.

Quiero aclarar, amigo, que cuando adoras, lo que adoras será lo que gobierne, si solo haces buena música, recibirás un cumplido y quizá un aplauso, pero solo será eso, ya que adoras tu destreza musical. Si adoras tu orgullo, siempre habrá alguien que alimente esa necesidad de más orgullo, pero tu recompensa será precisamente más orgullo. Si adoras a la gente, o mejor dicho, lo haces tan solo para la gente entonces tu recompensa será la gente cómoda por lo bien que les haces sentir con tu ministración.

Cuando la iglesia aprende a adorar a Dios y a establecer un lugar donde Él se puede mover, estoy convencido de que esa Iglesia es la que figurará a la hora de ejercer autoridad y establecer el Reino de Dios. No se trata solo de buena música o de mucho ruido, más bien buscamos que la congregación entera tenga el entendimiento de establecer el Reino de Dios incluso adorando y alabando.

Los violentos lo arrebatan
(Mateo 11:12)

Es necesario tener nuestros ojos y oídos abiertos a los momentos a los cuales nos dirige el Espíritu Santo (1 Tesalonicenses 5:6), ya que por lo regular nos dejamos guiar por la intensidad de la música o por la motivación del que dirige o simplemente porque en ese momento así queremos que se haga y punto.

He descubierto que la lucha espiritual no es solamente para derribar, derrotar o vencer lo que venga en contra de nosotros, vemos que cuando se trata de estos temas, así como de liberación, nos ponemos violentos y demandamos gritos y arrebatos que demuestran nuestra intensidad a la hora de orar en esos momentos de euforia, pero quiero contarte de un momento en la Biblia cuando los hijos de Israel tenían que construir con una mano y cargar la espada con la otra, de tal manera que luchaban o por lo menos estaban listos para luchar mientras construían y restauraban su ciudad (Nehemías 4:17).

Este es el punto en que quiero enfocarme ahora, entiendo que en momentos de intimidad nos ponemos solemnes e incluso lloramos con Papá, pero qué pasa cuando estamos declarando su poderío y majestad o expresando sus atributos, ¿te has preguntado cuál debe ser la intensidad en ese momento?

Si estás estableciendo el Reino de Dios significa que al hacerlo estas derribando cualquier otro trono que se haya levantado o se quiera levantar, estás poniendo el trono de Dios encima de cualquier trono y declarando que Él es alto y sublime y que no hay otro como Él, tan solo escucha cómo eso suena; es guerra, y aunque esta parte la veremos en otro capítulo, debes entender que al levantar y proclamar el nombre, los atributos y la obra de Dios estás estableciendo Su Reino y con mucha razón lo hacemos con fuerza y pasión, de tal manera que estamos en el entendido que aunque hubiese otros tronos y dominios (Hechos 19:34, Salmos 48:1), aquel que es sobre todos es el que tú y yo proclamamos. Así que la próxima vez que declares y levantes el nombre de Dios, procura no ser solemne sino violento.

Restauración del Reino

(Hechos 3:21, Hechos 1:6, Mateo 18:11)

Ahora me encuentro en un dilema, comúnmente al hablar de Reino escuchamos toda clase de enseñanzas de la bendición y la prosperidad de Dios, incluso he escuchado lugares donde se predica el Reino de Dios ofreciendo la salvación como una solución a todos los problemas que la persona tiene, y cuando no se solucionan los problemas, las personas terminan alejándose de Dios, también escuchamos que debemos hacer el uso de excelencia en todo lo que hacemos y que esto es mentalidad de Reino, no puedo entrar de lleno en esta materia porque me llevaría un libro entero para plasmarlo completamente, solo te puedo dar un avance y decirte que el Reino de Dios no consiste en comida, bebida, dinero o cosas (Romanos 14:17), consiste de Fe y aunque necesitamos ser excelentes en todo lo que hacemos, no es la mera excelencia la que nos hace partícipes del Reino, hay más factores.

Por mucho tiempo los cristianos creímos que el único propósito de la venida de Jesús al mundo era para salvarnos del castigo del pecado, pero quiero hacerte un planteamiento, ¿eres salvo? Si tu respuesta es sí, entonces ¿por qué no estás en el cielo?, ¿por qué no te llevó el Señor al instante? o ¿no fuiste totalmente o correctamente salvo? Si sigues en esta tierra, no estás por casualidad y sería muy egoísta ser un cristiano que solamente está esperando la venida de Jesús, sentado y cómodo sin hacer nada.

Hay algo que tenemos que hacer y se trata de encontrar la voluntad de Dios para nuestra vida antes de querer hacer cualquier propósito suyo o nuestro. Y uno de los asuntos que conciernen a este tema es tener una mente renovada, en las Escrituras (Romanos 12:2) no nos pide o sugiere, nos da la indicación, la orden de transformarnos por medio de la renovación de nuestra mente. Hay quienes dicen que la Iglesia cristiana lava la mente de las personas y me encanta esta aseveración ya que no es un gusto o intención de un pastor, está escrito en la Biblia y es una instrucción que todos los que nos llamamos hijos de Dios debemos acatar, que en efecto es renovar la mente.

Hablemos de tener la mente de Cristo (1 Corintios 2:16), o como muchos dicen, mente de Reino. Jesús en muchas ocasiones daba la instrucción a sus discípulos que sanaran enfermos y que anunciaran el Reino de Dios (Mateo 10:8), la mente de Cristo, estoy personalmente convencido que era una mente de Reino, ya que para muchas de sus parábolas empleaba las palabras: "el Reino de Dios es semejante a..." (Mateo 13:24), su propósito no era nada más salvarte, sino renovar tu mente y que en el tiempo que tienes prestado en esta tierra puedas accionar de acuerdo a tu nueva mentalidad. Así que si alguna vez escuchas la frase "te lavaron la cabeza" podrás responder que en efecto es lo mejor que te ha pasado, renovar tu mente.

Eres un rey en tu lugar de actividad diaria

Es casi seguro que en esta tierra nunca se te haga una ceremonia de coronación, se te den títulos de nobleza o se te asigne un trono. Entiende esto, en el cielo ya tienes eso, y está asegurado para ti, pero cuando decimos: "venga Tu Reino, y hágase tu voluntad en la tierra como en el cielo", ¿qué te parece que estamos diciendo? La realidad que ya tengo en el cielo, aplicamos a la tierra, y si me permites responderte la pregunta, tu corona del cielo es para el cielo, no cabe en la tierra, tus riquezas celestiales son solamente celestiales. Te digo esto porque la Biblia claramente dice que todo lo corruptible dejará de ser (1 Pedro 1:23), entonces ¿por qué afanarnos con tanta situación terrestre si nuestro futuro no es este lugar sino uno mejor? (Proverbios 23:4, 2 Corintios 5:1).

Tu lugar de reinado son todos los lugares que pisa la planta de tus pies y no depende de tu condición, tu condición está determinada por tus circunstancias pero tu posición ya la determinó el Señor el día que te recibió como hijo, por lo tanto quiero que entiendas lo que conlleva tu posición, que es más que lo que has logrado, o cualquier título humano, tampoco está diluido por tus malas acciones pasadas o presentes.

Tu posición es inconmovible y estar firme en esa posición determinará de igual manera tu forma de ministrar al Señor y guiar a su iglesia a ministrarle, pero en un momento llegaremos a eso, hoy hablo de reinado, y creo que en tu lugar de trabajo, estudio o influencia, tú puedes demostrar lo que llevas dentro de ti como rey y sacerdote de Dios.

Esta mentalidad hará que seas muy atractivo para las personas que te rodean, ya que es una mentalidad de victoria, de alegría, de gozo, una actitud muy positiva ante cualquier circunstancia, un cambio de mentalidad que trasciende tu pensamiento, que te lleva a cambiar preguntas que te haces, por ejemplo, antes te preguntabas ¿por qué? cuando te sucedía algo, ahora te preguntarás,

¿para qué?, ya que crees que todo lo que les pasa a los que aman a Dios les ayuda a bien (Romanos 8:28), nuevamente por que están en Su propósito y no en sus propias agendas.

La forma en que trabajas, tu puntualidad, apego a tus horarios, obediencia, solicitud, actitud, excelencia, tu vocabulario son tan sólo el resultado visible de una mente transformada, tu fe manifestada en obras tales que son un catalizador de atracción a otras personas. Llegará el punto en el que solo tengas que dar respuesta a preguntas que te hagan debido a la calidad de vida que llevas y ese es el momento de explicarles lo que es vivir en el Reino de Dios.

En una ocasión daba una plática de equidad de género en una escuela universitaria donde la prominencia era la filosofía y psicología, algunas de sus preguntas se inclinaban a cuestiones de moral versus tendencias actuales, por ejemplo: qué hacer si una pareja homosexual entra en la congregación y quiere ser parte de la congregación, mi respuesta es que son bienvenidos, se les amará y se les enseñará bíblicamente en el momento adecuado cuál es la manera de vivir de un cristiano, y que estoy convencido de que mientras una persona esté expuesta a la palabra de Dios y a su Presencia, va a ser cuestión de tiempo para que esa persona cambie su manera de pensar. De repente me complican la pregunta, y me preguntan si alguien en la congregación de repente se hace homosexual, ¿qué hacemos? Sin duda que habría que aclarar cuestiones de enseñanza en casa y verificar razones por las cuales nunca estuvo firme, posiblemente nunca tuvo un verdadero encuentro con Jesús, pero de lo que estoy convencido es que mientras las personas de este mundo están expuestas a la verdad, tarde o temprano la verdad les hará libres.

Por mucho tiempo, cuando alguien quería ser entrenado o enseñado, esperábamos que primero arreglara su vida y las situaciones equivocadas de su vida, o sea cambiara su condición, pero nadie jamás podrá cambiar su condición si primero no se le notifica de su posición, y esto es lo poderoso, que Jesús primero nos amó, después nos lavó y finalmente nos encomendó la tarea que según su eterno propósito debemos cumplir (Apocalipsis 1:5-6).

Entonces ¿por qué a veces nosotros queremos limpiar a las personas y les negamos ciertos accesos debido a que no han resuelto situaciones en su vida?

Creo que la formación viene después de la enseñanza y de amar a las personas, pero el lavado solamente lo puede realizar el Espíritu Santo por medio de la Sangre de Cristo.

Entonces, mentalidad de rey es tener autoridad incluso sobre el pecado, ¿cuántas veces te has dormido y despertado pensando en los pecados que quieres dejar y olvidar? Pero de tanto pensarlos terminas repitiéndolos, de tal manera que no ves un avance. Ese es el lugar, el punto de partida, el lugar de no retorno donde tu mente debe ser transformada, donde reconoces que ni tú ni nadie te puede limpiar, solamente la sangre de Cristo y que la condición perfecta para hacer uso de la sangre de Cristo es la condición donde hubo o hay pecado, por eso es necesario que cada vez que cometemos errores instantáneamente ir a los pies de Cristo y continuar siendo limpios todos los días de nuestra vida.

¿Alguna vez te has subido a la plataforma a ministrar en pecado? ¿Pecaste porque querías o porque resbalaste? Existen dos clases de caídas, y ambas están diferenciadas o anunciadas por el sonido del grito que hacen, cuando te resbalas y caes suena algo así:

"¡Aaaay", cuando te gusta el pecado y lo haces por deporte, el grito suena así: "Aaaahí te voooy" ¿Ves la diferencia? Si estás pecando porque te gusta y tu carne quiere pecar, busca ayuda, confiesa o entrégale tu vida a Jesús verdaderamente, buscar ayuda y confesar provocará en tu vida el temor de Dios y aparte tendrás quien ore por ti y esté pendiente de tu mejora en ese aspecto de tu vida (Santiago 5:16), pero si el tuyo ha sido el primer grito, corre lo antes posible a los pies de Cristo, pide perdón, no te tardes en confesarlo, pedir perdón y seguir adelante, continúa, no te pares, no te detengas a recoger lo que se te cayó, avanza hacia el frente, pon los ojos en Cristo, el autor de la Fe.

Se trata de Fe

Como te decía al principio, mentalidad de Reino se trata de Fe. En una ocasión una persona que andaba en error me aseguró que Dios no tiene Fe y que no la necesita, me dio tristeza y celo ya que Él es el autor de la Fe, o sea que Él la inventó, a Él se le ocurrió la Fe, no es un asunto del hombre, es totalmente un recurso espiritual, y en segundo lugar Él es quién consumó la Fe, lo cual significa que Dios ha hecho el acto más grande e irrepetible de Fe que jamás se haya realizado (Hebreos 12:2), Él dijo: "Es posible que Juan, Joel, Pedro y María me rechacen, pero aun así voy a morir, porque quiero darles la oportunidad de salvarse, ya que no quiero que ninguno se pierda sino que todos procedan al arrepentimiento (2 Pedro 3:9). Mi querido amigo, esto es Fe.

La verdadera Fe te llevará de ser una persona común a vivir con una mentalidad de Reino, tal como un rey y sacerdote, es una mentalidad que te hace vivir dependiendo no de lo que tienes sino de "a quién" tienes.

Podrías tener mucho dinero y recursos, quizá un buen trabajo y un respaldo económico por parte de una herencia o por tu negocio familiar, pero si pudieras tener un respaldo ilimitado de recursos mientras vives dentro de la voluntad de Dios, creo que cualquier otro respaldo se te haría muy pequeño comparado con lo que Dios te puede dar. Para los sacerdotes de Dios, nos enseña la Biblia, que su herencia, o más bien la porción de lo que les correspondía en Israel, era Dios mismo (Deuteronomio 18:1-2), y quizá suene muy trillado en este tiempo que hay la corriente donde te dicen que seas pobre y Dios estará más cerca de ti, lo que quiero decir es que no es suficiente vivir conociendo a Dios y siendo salvo, es necesario vivir en la voluntad de Dios para hacer efectivos todos sus recursos para tu vida y llegar a un punto en tu existencia donde vives para los sueños de Dios y lo disfrutas, lo amas y puedes vivir bien gracias a obedecer a Dios.

El orden de Melquisedec

(Génesis 14:18, Salmos 110:4, Hebreos 5:10)

El nombre Melquisedec proviene del hebreo Malki = Rey de Salem y Sedec = Sacerdote del Altísimo, por lo tanto solamente el nombre significa rey y sacerdote juntamente (Hebreos 7:1).

Hay una escena en la Biblia donde al rey Uzías se le castiga por querer ejercer sacerdocio (2 Crónicas 26), y te preguntarás por qué una persona tan condecorada en el área de reinado no fue aprobada en el área de sacerdocio.

Con reinado nos referimos a cualquier área donde seas emprendedor, ya sea empresarial, política, gubernamental, médica, etc.

El asunto es que parece ser que los negocios de este mundo y los asuntos de sacerdocio se deben manejar aparte a menos que seas como el rey David, que inició siendo un sacerdote y siempre fue un sacerdote, pero también fue rey.

Veamos el relato en el que el rey David tomó los panes de la proposición (1 Samuel 21), los panes sagrados y los comió, este es un ejemplo muy sencillo pero quiero llevarte a una parte muy interesante en la Biblia; más adelante nos encontramos la historia de una conspiración que hizo Absalón contra su padre el rey David (2 Samuel 15), en la cual procuró tomar el trono de su papá mediante un conflicto armado tomando para sí un ejército y parte de los siervos que ministraban a Dios.

En el versículo 24 vemos al sacerdote Sadoc y a sus hijos los levitas que permanecieron fieles al rey David y no se aunaron a la conspiración de Absalón, incluso el mismo sacerdote Sadoc decidió volver a Jerusalén exponiendo su vida con el propósito de ayudar al rey a recuperar el lugar que le estaban quitando.

Este orden de Melquisedec no se logra por lo buenos que hayan sido ministrando o ejecutando su papel de servicio, es muy sencillo, hubo un grupo de servidores que se apartaron de Dios tras los ídolos, así también ese mismo grupo se apartó con Absalón, a ese grupo le correspondía hacer la labor de servicio de acuerdo a lo que dice la Biblia (Ezequiel 44:10-17), tenían que hacer el trabajo pesado y desgastante, pero aquellos que se mantuvieron firmes y fieles incluso en la rebelión de Absalón, los cuales eran los hijos de Sadoc, se les dio un trabajo muy específico y muy hermoso, y su trabajo era vivir en la presencia de Dios. De este punto partimos para hablar de reyes y sacerdotes, este es el orden de Melquisedec, un nivel mayor de relación con Dios.

Lo quiero poner de la siguiente manera, dice la Escritura que no es de quien quiere ni de quien corre sino de quien Dios tiene misericordia (Romanos 9:16). Lo cual nos lleva a lo siguiente; hay dos tipos de servidores, los que están todo el tiempo haciendo o queriendo hacer algo, viven para lograr algo, alcanzar una meta, impresionar en algún modo a las personas a su alrededor y quizá con un interés genuino de servir. Pero necesitamos entender que el ministerio no es estar haciendo algo todo el tiempo, sino más bien estar con alguien todo el tiempo y este es el punto crucial de esta postura, tú puedes ser alguien que vive para hacer cosas para Dios, o puedes ser alguien que vive con Dios, y no con esto pretendo que dejes de servir.

> "Venga tu reino. Hágase tu voluntad, como en el cielo, así también en la tierra.".
> Mateo 6:10

Te propongo la siguiente analogía, de cuando Dios le habla a Abraham y le dice que mire la arena del mar, y que mire las estrellas del cielo, que su descendencia será como tal y cuando hablamos de este tema por lo regular lo enfocamos solamente a la parte de multitudes diciendo que será enorme su descendencia (Génesis 22:17), lo cual es correcto, pero quiero que analicemos las dos partes y que pensemos un momento, es curioso que use dos ejemplos para referirse a una misma descendencia, o quizá Dios quería hoy mostrarnos que la multitud de la descendencia de Abraham tendrá dos estilos de pensamiento muy diferentes, ambos son hijos, ambos son amados y útiles, solo que unos son como la arena, viven pegados a la tierra, a las circunstancias de la vida, están propensos a ser arrastrados por las corrientes de la vida y en muchas ocasiones esa es su rutina diaria, ser golpeados por olas, vientos y pisados para diversión o entretenimiento de muchos. Pero hay otra ramificación de hijos de Abraham, aquellos que viven en las alturas, cerca de Dios, donde las olas no llegan, ni las circunstancias de este mundo tienen poder, aquellos cuyo trabajo es simplemente brillar para adorar a Dios.

Se trata de la misericordia de Dios

Cuando hablamos que no se trata de quien quiere ni corre, quiero dejarte un mensaje muy hermoso con ese respecto, podrás tener mucho que dar y hacer para servir en el Reino de Dios, quizá tienes un puesto muy atractivo en tu iglesia o agrupación, pero déjame decirte que no importa qué tan alto estés hoy, sigues dependiendo de la misericordia de Dios, las estrellas están brillando porque Dios así lo quiere, la arena está en el mar porque en ese lugar fue colocada inicialmente, pero tú puedes decidir dónde pasar el resto de tu vida, y esta decisión depende en gran manera del peso de la misericordia de Dios en tu vida.

Y ¿a qué llamo misericordia? En este punto quiero tomar una perspectiva muy especial acerca de la misericordia, y apunta al claro entendimiento que es para aquellos de quien Dios se agrada. Un pensamiento tan sencillo como analizando a quienes Dios delegó el Reino: no fue a los sabios, a los trabajadores, a los adinerados a los religiosos, etcétera, fue a aquellos a los que un día iba a llamar amigos (Juan 15:15), aquellos que aun con sus errores y defectos tenían madera para que Jesús se sintiera cómodo con su compañía, y esto, mi querido lector, es poderoso, se trata de cuán cercanos estamos a Dios, no de cuánto hacemos o queremos hacer, podrás tener planes y deseos, metas y proyectos pero nada tendrá mayor alcance que un pequeño ministerio que se ha tomado de la mano de Dios.

Lo primero no es hacer algo, ni tener algo, es tener a alguien, y ese alguien es Dios mismo, y así como a los hijos de Sadoc se les entregó un trabajo muy hermoso que era habitar en la presencia de Dios, quiero que tú vivas el mismo trabajo desde hoy en adelante y que sea el de habitar en su Presencia todos los días de tu vida, buscando primero su Reino y su justicia con la certeza de que nada te faltará al estar así. Quiero desafiarte a depender y confiar en la misericordia de Dios, que le agrades a Dios, ¿cómo? Simplemente buscando estar a su lado, que le dé gusto mirarte y pasar tiempo contigo, podemos orar y clamar y pedir misericordia, pero lo más importante no es pedirla, es recibirla, encontrarla, encontrarlo a Él.

¿Y qué pasa con la prosperidad?

Busqué en la Escritura las citas que avalaran el pensamiento de prosperidad que hay en muchas enseñanzas cristianas, que dice que teniendo cosas eres de Reino, comprando solo auto nuevo demuestras tu mentalidad de Reino, teniendo, haciendo, teniendo más y mejores cosas.

Y después de tanto buscar y no encontrar, le preguntaba en mi mente al Señor ¿por qué no encuentro nada? y simplemente puso en mi mente: ¡Búscalo al revés!, entonces encontré citas que al hablar de reino hablan cosas como que el Reino de Dios es sembrar, dar, el Reino no es comida ni bebida, no son cosas, es justicia, etcétera. Y entonces llegué a la conclusión de que hemos estado buscando por mucho tiempo las cosas, las posiciones, los ministerios, los lugares, cuando lo que deberíamos estar buscando es Su Reino, por lo cual me llevó a la conclusión de que Reino es depender solamente de Dios.

Dice su palabra (Mateo 5:3): Bienaventurados los pobres porque de ellos es el Reino de los cielos. Aquí aparece otro fenómeno extremo, que en otras enseñanzas cristianas se dice que para estar en el Reino de Dios hay que ser pobres, pero veamos lo que realmente nos quiere decir.

Una persona pobre no tiene nada que perder y todo para ganar, no puede depender de lo que tiene ya que no tiene nada, no le queda otra más que depender de Dios. ¿Y los que tienen dinero? Muy sencillo, para ellos es difícil pero no imposible, ya que su dependencia está en las cosas que tienen y han logrado más que en Dios, por lo tanto en ocasiones Dios necesita quitarnos nuestra dependencia de las cosas de esta tierra, y aunque le queramos asignar la culpa al diablo, estoy seguro de que es Dios simplemente dándonos una oportunidad de depender de Él, de cambiar nuestra conexión de cable a esta tierra y sus corrientes, y conectarnos inalámbricamente a Él, cuán hermosa tecnología que supera a todas, pero a veces nos resistimos, no queremos dejar nuestra dependencia a las cosas de la tierra, y lo más triste que nos puede pasar es que Dios nos deje así, haciendo lo nuestro, lo que sabemos, queremos y podemos en nuestras propias fuerzas. Yo quiero que Dios me haga depender de Él todos los días de mi vida, aun cuando tenga riqueza y parezca que materialmente no me falta nada. Por esto insisto que podemos depender de Dios aun teniendo riquezas y que no hace falta quedarnos sin nada para entenderlo como en muchas ocasiones nos ha pasado.

Miremos al rey Nabucodonosor (Daniel 4:30-33), edificó con su poder y con su propia fuerza, se jactó de sus logros, no le faltaba nada y Dios tuvo que tratarlo y humillarlo de tal manera que lo hizo andar como un animal, ¿qué es esto? Mira las aves del cielo que no siembran pero Dios las alimenta (Mateo 6:26), así este rey tuvo que ser forzado a depender de Dios como un animal. En el versículo 37 ya entendió con claridad su problema y reconoció a Dios sobre todo.

Este es un ejemplo del interés que tiene Dios en nosotros, no en lo que hacemos o tenemos ya que realmente no tenemos nada, y ¿quién es el hombre para que Dios se acuerde de él? (Hebreos 2:6), pero me deja claro que cuando Dios quiere tu atención se acaba la competencia con cualquier cosa que tenga nuestra atención y dependencia, es celoso y muy poderoso por lo que me daría mucha tristeza que me dejara actuar y vivir bajo mis propios razonamientos e ideas, que se pudieran basar en mis logros, sin embargo aun cuando me corrige como a un hijo, cuando me llama la atención y cuando me disciplina me muestra cuán interesado está en mí y eso, mi querido amigo, es lo mejor que puedo tener, la atención del Creador, que me esté mirando. Había muchos reyes en el tiempo de David, así como había muchos reyes en el tiempo de Nabucodonosor, pero Dios había fijado su atención en estos dos por alguna razón, a ambos los disciplinó y a ambos exaltó.

Para concluir este capítulo quiero dejar lo siguiente en tu corazón: la próxima vez que seas disciplinado por tu pastor, por tus padres, por alguna autoridad en esta tierra, es posible que sea Dios mismo llamando tu atención, recíbela con alegría (Hebreos 12:6,11), y hasta disfruta de ella, ya que la disciplina es tan solo el aviso de una promesa en camino por cumplirse, de una bendición de parte de Dios en camino para tu vida. Es como el relámpago que avisa que viene un trueno, cuando vemos la luz, sabemos que viene un sonido muy fuerte después, así es la disciplina, es la preparación que hace Dios en nuestro corazón para ser receptores de una nueva y mayor Gloria, es el semáforo que no tarda en indicar que puedes avanzar e ir más adelante. Y por si aún existiera duda, parece ser a que a quienes más Dios ha disciplinado es a quien más ha querido levantar, y quienes más se han querido levantar solo es a quienes más ha disciplinado.

REPASEMOS

¿Cuál es la clave para estar en Su Reino?

¿Qué sucede en el Reino cuando una Iglesia adora?

¿Escribe tres lugares en los que debes fungir como Rey y Sacerdote?

PARA MEDITAR

Si Reino se tratara de las cosas materiales, podríamos estar dándole atención a las cosas que dejarán de ser, y abandonar las eternas. Considera tu mucho esfuerzo y trabajo, cada actividad que realizas o evento al que asistes; ahora ponlo en la balanza de estar solamente a los pies del Señor.

HAGAMOS ALGO AL RESPECTO

La próxima vez que se hable el nombre del Señor, sus atributos y su majestad, mentalízate en que estás realmente en una lucha de tronos y tu objetivo es establecer el trono de Jesús como el genuino, así que no escatimes en levantar tu voz y ser un poco o mucho "violento".

Piensa en la misericordia de Dios como el afecto que te tiene una persona que te conoce por todo el tiempo que intentas y logras pasar con Él.

MÚSICA

En esencia, eres una caja rítmica con vientos y cuerdas que fue diseñada para dar alabanza a Dios tal y como eres. Espero dejar bien claro que puedes ya quitar de tu curriculum musical el "nó sé tocar un instrumento", ya que tú eres un instrumento hermoso y complejo.

El tema de la música en la vida cristiana es un tema que ha sido utilizado de una manera exorbitante, ya que existen y deberían existir más adoradores que oyentes en este tiempo, pero lamentablemente cada vez que leo un libro que exponga alabanza y adoración, meramente me hace sentir bien por unos instantes, después continúo adelante olvidando el libro y las líneas que contenía. Indudablemente tendrá algo que aportará a mi manera de hacer alabanza y adoración, pero creo que ya hemos superado ese tema y nos hemos adentrado en lo que yo quiero llamar una vida entera empapada de adoración.

No podemos hablar de música sin hablar de instrumentos musicales, por lo que comenzaremos haciendo una referencia a nuestro cuerpo como un instrumento, luego iremos a los creadores de los instrumentos, lo cual implica nuestros talentos para tocar y crear música, luego hablaremos de la música a la que llamo "que tiende a pasar de moda y la que nunca pasará de moda", y con esto estaremos tocando básicamente todos los puntos que en este tema quisiera exponer.

Somos Instrumentos

Desde que fuimos creados, ya existe en nosotros el gen musical, no sé si lo sabías, pero en alguna área musical tú te has movido en el transcurso de tu vida, sea algo muy simple o de mayor complejidad. Nuestra esencia, parte de la maquinaria, del engranaje del que estamos compuestos incluye un grado o muchos grados de capacidad musical; "fuimos creados" para la alabanza de la Gloria de Su Gracia (Efesios 1:6).

Con esta afirmación sustentada en la Escritura, reto a todo hombre y mujer a que entone un canto desde su corazón, en la entonación y ritmo que guste, y que no conmueva el corazón de Dios. Me hago la siguiente pregunta: ¿por qué Dios siendo puro y santo no olvida ni desatiende a los cuervos que eran considerados animales impuros o inmundos? (Lucas 12:24) Es una pregunta muy buena, y si le queremos poner un poco más de intensidad, te preguntaría si te agrada el sonido que emiten los cuervos, si te gustaría tener en una jaula junto a tu recámara unos diez cuervos graznando, creo que la respuesta es rotunda, pero te tengo noticias, a Dios sí le gusta, y en efecto los cuida y alimenta porque precisamente los cuervos alaban a Dios con sus graznidos, cuanto más un ser humano que se supone es considerado superior a los animales no podrá emitir algún ruido o sonido que logre captar la atención de Dios.

Olvídate de lo que puedes hacer con tus manos y con un instrumento por ahora y enfócate en que eres un instrumento, tu cuerpo tal cual es un instrumento que puede ser usado por Dios y para Dios o por ti y para ti (2 Timoteo 2:21).

Cuerdas

Nuestra fisionomía incluye unas tremendas cuerdas bucales, las cuales al moverse afinan y emiten los sonidos que al salir de tu cuerpo pueden conectar una hermosa melodía para Dios. Digo para Dios porque no a todos les va a gustar el sonido de tu voz pero a Él sí le gusta, eres la única voz de tu tipo, no existe otra voz como esa en todo el mundo, así que no temas darle a Dios una melodía cada vez que puedas, nadie en el mundo podrá hacer el exacto sonido de voz como el tuyo, eres único.

Me sucedió cuando me adentraba en el ambiente de la alabanza congregacional, y quería ser una persona súper afinada, que saliera de mí una voz impecable, quiero que sepas que nunca tomé escuela de música por lo que siempre pasé por alto el calentamiento de la voz y todos los cuidados de un cantante, simplemente usaba mi voz esperando sacar de ella el mejor sonido posible. Solo que notaba que cada vez que yo buscaba la perfección en mi calidad de voz, mi enfoque de adoración se perdía más y más, recuerdo la última vez que intenté cantar lo más afinado posible, se me fue la voz y conseguí un risible ruido gutural. Esa misma noche había una reunión de alabanza y adoración y recuerdo que frustrado de mi voz en ese momento me acerqué al altar para "adorar" con mi afinada voz, pero sin darme cuenta todos mis intentos anteriores habían irritado mi garganta, y ahí estaba yo junto al altar, sin un micrófono, tapándome un oído para conectar una afinada adoración a nuestro Señor. Para sorpresa mía y gracias al oído que tapé, pude escuchar mi propia voz en una forma auditivamente inaudible si lo puedo decir así, por minutos intenté afinar y forzar mi voz a que lograra dar esa perfección que yo buscaba y no logré mas que ese irritante y lastimoso sonido entre grave y agudo, de repente creo haber escuchado al Espíritu Santo decirme, "eso es lo que quiero escuchar", caí al suelo, elevé mi irritable voz al cielo y lloré como nunca antes lo había hecho, no me podía levantar del suelo, lo recuerdo como si fuera ayer, y por esa razón escribo que tus cuerdas físicas son deseables para Dios.

Vientos

También estamos constituidos de vientos, algunos con una caja de resonancia mayor que otros pero todos la tenemos. Es el motor que empuja el sonido a salir de tu cuerpo cual rosa de Sarón que al ser estrujada emite la más bella fragancia.

Lo interesante es entender que estos vientos son parte del instrumento que somos, y así como el Espíritu emite sonidos indecibles (Romanos 8:26), nosotros emitimos vientos como de trompeta, así que cada vez que abras tu boca para emitir un sonido, recuerda que no solo estás trasmitiendo sonido, también estas trasmitiendo lo que tienes dentro, que oscila desde palabra de aliento, o un grito ensordecedor que turba a la persona que estás ministrando. El viento nos regala el matiz de la música que emana de nuestro cuerpo, define cuando hacemos un Selah y cuando mantenemos el nivel de la adoración como un martillo pegando a un muro. El viento define la distancia a la que llega tu adoración y el impacto que causará en otras personas, por eso hay quienes aun gritando no logran un efecto trascendente en la alabanza ya que no son los gritos, es el entendimiento y la revelación que se tiene respecto a lo que estás haciendo y lo que la gente que diriges debe estar haciendo.

Ama al Señor con todo tu corazón, con todo tu entendimiento y con todas tus fuerzas; tus pulmones también reciben la presión de músculos que realmente son quienes dan la fuerza para emitir cualquier viento así como los movimientos de nuestro cuerpo.

Címbalos resonantes

De esta manera hemos tocado las cuerdas y los vientos, pero nos faltaron los címbalos resonantes, que incluyen los ritmos, los tiempos y de igual manera matices. Y aunque en el siguiente capítulo hablaremos concretamente al respecto de la danza, considero este un buen momento para hablar de la parte de nuestro cuerpo que alaba como un címbalo.

Somos de igual manera un instrumento de ritmos, nuestro cuerpo tiene la capacidad no solo de mover unas baquetas y golpear tambores, sino también de batir manos, de hacer movimientos con los pies, movimientos que marquen un ritmo y un compás. Lo que te voy a decir en seguida quizá te cause un poco de conmoción, pero piensa en los latidos de tu corazón, si no llevaran el ritmo que llevan quizá ya estarías muerto, y las condiciones del corazón con un mal ritmo que conocemos como "arritmia" pueden y han afectado a muchas personas.

Es muy importante la cadencia y el ritmo para hacer la música, que puede ser desde un movimiento mecánico simple hasta un movimiento ondulatorio muy complejo.

En esencia, eres una caja rítmica con vientos y cuerdas que fue diseñada para dar alabanza a Dios tal y como eres. Espero dejar bien claro que puedes ya quitar de tu curriculum musical el "no sé tocar un instrumento", ya que tú eres un instrumento hermoso y complejo.

Una toma especial con los creadores de instrumentos

(Génesis 4:21)

Este punto lo quiero comenzar con la siguiente analogía, la cual comenzó en una ocasión que le pregunté a una persona acerca del estado de su relación con Dios, muy serio me miró a los ojos y me dijo: no he leído mi Biblia en algún tiempo, ¿pero qué cosa? Yo no le pregunté si leía su Biblia, yo le pregunté por su relación con Dios, otro me contestó que no había orado esa semana; por último, la tercera persona me dijo que no había adorado ni cantado a Dios en la intimidad en algunas semanas. Entonces intensamente dediqué mi cabeza a meditar en el hecho de que muchas veces exigimos a las personas que hagan estas tres cosas que prometemos les darán un crecimiento en su relación con Dios. Creo que en un capítulo anterior hemos tocado el punto de que Dios es una persona, no una imagen distante de un ayudador dormido que hay que despertar a gritos o con alguna postura religiosa.

Imaginemos la siguiente parábola que se suscita en el Jardín del Edén:

"Una mañana despertó Adán de su casa en el árbol, desde donde podía ver con claridad todo el horizonte, vigilaba a los animales, contemplaba el árbol de la vida e ignoraba el árbol del conocimiento, no tenía mesas ni sillas acojinadas como hoy las conocemos, así que tomaba su Biblia de su taburete y se sentaba en la rama más alta del árbol y leía su Biblia desde las cinco de la mañana hasta las diez. Mientras Adán leía su Biblia, a las seis de la mañana Eva sacaba su arpa y comenzaba a adorar a Dios en la enorme roca redonda junto al río justo debajo del árbol donde

Adán leía su Biblia. Cuando daban las diez de la mañana ambos se unían e inclinaban sus rostros doblando sus rodillas y orando al Dios lejano que estaba en los cielos, y así hicieron por mil años hasta que se aburrieron y decidieron hacer algo más atrevido como meditar en el árbol prohibido".

¿Qué te parece la historia? En este contexto, Adán y Eva tenían la mejor relación con Dios que cualquiera, ¿no lo crees?

Ahora hablemos de la realidad, y con esto no pretendo ayudar a tu pereza para leer la Biblia o de orar o buscar a Dios en lo secreto, solo estamos poniendo en perspectiva el argumento antes dado acerca del concepto que tenemos por relación con Dios.

"...para alabanza de la gloria de su gracia, con la cual nos hizo aceptos en el Amado".
Efesios 1:6

La Biblia no fue compilada como tal hasta mucho después incluso de la primera venida de Jesús, por lo tanto Adán no manejaba ninguna versión de la Biblia o algún escrito bíblico, la misma palabra de Dios dice que los instrumentos fueron creados por uno de los nietos de Adán, incluso por parte de Caín, no es posible que Eva tocara un instrumento, por lo menos como los que conocemos hoy, y sobre todas las cosas, ellos no necesitaban arrodillarse ante el Dios lejano arriba en el cielo, ya que la Biblia dice que Dios los visitaba personalmente (Génesis 3:8). Cuando entendí esto, me di cuenta de muchas cosas que anteriormente creía porque así me lo inculcaron, ahora estoy convencido de que puedo hablar con Dios en todo momento sin necesidad de adoptar una postura física, entiendo que mi complexión física está diseñada para adorarle en todo momento y lugar, y que ya no me tengo que condenar si no he leído la Biblia de pasta a pasta, y este es un tema muy delicado, ya que encuentro a muchas personas que se jactan de haber leído o de que leen tanto y cuanto de la Biblia diariamente, quiero romper con un estereotipo de tu mente de una vez por todas; el texto escrito es la revelación dada a nosotros de la palabra de Dios, ya que la palabra de Dios es viva y eficaz (Hebreos 4:12), significa que funciona, pero funciona cuando se aplica, se vive y se recibe de parte de Dios, puedes leer toda la Biblia que quieras, pero sin vivirla no sirve de nada (Romanos 2:13, Santiago 1:22).

Pero cuando Dios te habla de cualquier forma incluida y sobre todo por medio de su palabra escrita y tomas una acción, ese es el momento donde la palabra de Dios cobra vida y se hace eficiente.

Te invito a leer tu Biblia, pero sobre todo a escuchar la voz de Dios y obedecerla tanto en Su Palabra como al Espíritu Santo que habla a tu corazón, ese instrumento tan hermoso que eres necesita una relación con el Creador, el único que sabe sacarle el mejor sonido a tu vida, seas como seas y vengas de donde vengas, cuando estás en las manos del creador, del compositor y del mejor ejecutor musical, podrás ser una simple tabla de sonido, una liga o un silbato, pero harás que montañas se muevan (Mateo 21:21). Deja que el Señor haga música con el instrumento que eres y te darás cuenta de que nunca habías sonado así, y entonces todos sabrán que tal y como eres brindas Gloria y Alabanza al nombre de Dios.

Música que pasa de moda

En efecto hay diversas composiciones que pasarán por el planeta y serán olvidadas, pero solo algunas permanecen y trascienden los espacios y el tiempo.

Existe esa necesidad de música nueva que conmueva y que

venda, puede ser considerada música comercial, la cual durante un periodo de tiempo tiene algún impacto, pero después desaparece para nunca ser recordada. Aquí incluyo temas como los estilos de música que de igual forma funcionan en un momento y en un lugar, pero no fueron hechos para funcionar en todo lugar ni en todo tiempo de la historia.

Te ha pasado que escuchas una canción que en algún momento te provocó un sentimiento profundo pero después de tiempo ya era necesario renovar la música y la nueva música regeneró en ti ese sentimiento.

Cuando hablo de la caducidad no estoy inclinándome a decir que ese canto era malo o no hablaba de Dios. Acostumbramos a decir que solamente lo que bajó del cielo es lo que volverá a subir y será acepto por Dios, lo cual es verdad.

Pero quiero llevarte a un nivel más alto de entendimiento, ya que estoy convencido de que hay música que será escuchada para siempre, pero no es el caso en toda composición. Quiero invitarte a pensar conmigo que la música, así como también lo es la revelación, es progresiva y que va en aumento, mejorando, creciendo y dejando una huella.

Creo que la mayor enseñanza que podemos obtener de este fenómeno es que necesitamos ir de Gloria en Gloria (2 Corintios 3:18), creciendo en revelación y discernimiento, y cada vez experimentaremos un mover fresco de parte de Dios, por lo cual es necesario que ese canto anterior no sea olvidado, pero sí sea acompañado por nuevos cantos que Dios nos está dando. Creo fielmente que es posible que recibiéramos un canto nuevo cada día de reunión, lo cual cumple una porción de la Escritura que dice que le alabemos con cántico nuevo (Salmos 40:3), dicho que usamos para lo que comúnmente llamamos fluir en cánticos nuevos o no aprendidos, pero te invito a que no descartemos que canto nuevo es en esencia una composición nueva, completa y compleja que queda registrada por el tiempo y la profundidad que Dios defina. No temas a pensar que tu música dejará en algún momento de ser tocada o usada, alégrate que vas a crear mucha más nueva y mejor música, esa es la hermosa promesa de parte de Dios que cada vez haremos cosas mayores y mejores.

Música que no pasa de moda

Quiero alentarte con lo siguiente, toda, absolutamente toda música que no fue escrita con el propósito de adorar a Dios va a dejar de ser y nunca será recordada. Pero tú y yo tenemos la hermosa posibilidad de regalarle a Dios unas líneas que pueden impactar generaciones e inclusive trascender el tiempo y el espacio. La Biblia habla de acercarnos confiadamente al trono de la gracia, así como Jesús trascendió los cielos (Hechos 4:14-16). Es un texto muy hermoso y con un peso de revelación grande, ya que habla de que podemos traspasar las barreras físicas y dimensionales para presentarnos ante el trono de la Gracia, esto, mi querido amigo, es poderoso, no muchos tienen ese privilegio, o quiero decir no muchos hacen uso de este privilegio. Está puesto delante de nosotros acercarnos confiadamente, o sea que desde mi recámara, desde el salón, el comedor, o cualquier lugar desde donde mi vida refleje adoración, entonces estaré tocando la puerta del trono de la Gracia, y no solo tocando sino acercándome.

Esta es la música que nunca caduca, la música que tocas todos los días, que vives cada mañana, cada momento, sin importar la situación, eres capaz de vivir una vida que adora a Dios. Se trata de la música que no solo puede ser tocada sino que debe ser tocada, así como las aves del cielo deben alabar a Dios, el mar y sus olas, el firmamento, deben contar la grandeza de Dios en todo momento así nosotros debemos ser aquellos que no pueden sino hacen una adoración con cada aspecto de sus vidas. El sol, desde que sale hasta que se pone, alaba a Dios (Salmos 113:3, 148:3), tiene la obligación de alabarle porque para eso fue creado, y si dejara de alabarle no cumpliría el propósito por el cual fue creado, no tendría ninguna utilidad, ya que Dios es luz y no tiene como primera necesidad al sol para iluminar nada, sobre todo por lo vasto que es el Universo. Entonces ¿cuál es el significado de que el sol alaba a Dios y ese es su propósito? Quiero hacer referencia a una porción de la Escritura donde los israelitas están en guerra, el día se está pasando y Josué le ordena al sol que se detenga (Josué 10:12). Lo que dicen las traducciones originales del arameo es que la instrucción de Josué fue: "sol, deja de alabar", y por lo tanto el sol tuvo que detenerse al no cumplir su propósito fundamental.

La mayoría queremos que nuestro canto sea famoso, que sea cantado en todo lugar y momento, grabar un disco compacto y tener ventas en iTunes, o donde sea que se pueda promover por internet. Pero la esencia de la música inicialmente nunca fue grabarla o promoverla, fue expresar de tu corazón lo que tenías y estabas preparando para Dios, el conjunto de expresiones que marcaron, cambiaron y dirigieron tu vida.

Música que no caduca no es necesariamente aquella que se vendió más, ya que hoy día las ventas definen para muchas personas lo bueno de algún tema, pero se olvidan del hecho de que la maquinaria de mercadotecnia tiene hoy en día un papel muy influyente en la presentación de un material discográfico. Quiero que entiendas que aunque hay música que debe ir evolucionando, mejorando o creciendo, también hay música que durará para siempre.

Finalmente, tenemos la idea de que Dios anda por todo el mundo buscando músicos y personas que ejecuten alguna adoración. (2 Crónicas 16:9) Dice que está buscando corazones puros, sanos, libres de contaminación, que trasmitan un aire fresco y de sanidad. Y cuando de buscar adoradores se trata, en Juan 4:23 Jesús dijo que el Padre buscaba adoradores en espíritu y en verdad, te tengo noticias, ya hace bastante tiempo que dejó de buscarlos debido a que ya los encontró, y somos tú y yo. No necesita buscar más, dile al Señor, aquí estoy, dispuesto y listo para adorarte con toda mi vida.

A veces pensamos que Dios nos necesita, pero la realidad es que nosotros le necesitamos a Él, y en consecuencia debido a nuestra naturaleza espiritual, nuestra adoración se perpetúa, esto significa que ya abandonamos la pregunta de que a Dios ¿dónde se le adora, en el templo o en el monte? Más bien, entendemos que nosotros somos un templo y que en la medida que adoramos, su Presencia se hace manifiesta en nuestra vida, y en la medida que nos acercamos más a Él, más le adoramos.

Música inspirada

Quiero cerrar este capítulo haciendo hincapié en lo siguiente, la música por sí sola también inspira adoración a Dios y con esto no me refiero a simplemente escuchar o hacer música y pensar que simplemente porque suena bien es agradable a Dios, quiero enfocarte más a la palabra tañedor, que es más que un simple músico, y con esto te invito a que busques la historia del rey David antes de que tomara el trono (1 Samuel 16:23), cuando se le invitaba simplemente a tocar música y lograba ahuyentar espíritus malignos del rey Saúl.

Cuando usamos nuestro don musical con el entendimiento espiritual correcto, entonces sabremos que es más poderoso de lo que por mucho tiempo hemos creído y que al usarlo debidamente tendremos un resultado poderoso a nuestro favor.

Muchas veces queremos ayudar al Espíritu Santo a ministrar y en nuestro deseo genuino de adorar tendemos a hablar o a dar alguna dirección, muchas veces más de lo que deberíamos hacer. Vale la pena esperar a Dios, el momento en el que Él quiera moverse y hacer lo que Él en su soberanía decida hacer. Te reto a entregarle tu don al Señor de una manera pura, con lo que Él te ha dado en lo secreto y con lo que has aprendido en lo privado, no te desesperes si tenías una idea en mente o esperabas algo en particular que Dios hiciera, Él sabe los deseos de tu corazón pero nunca pondrá esos deseos por encima de su voluntad, haz lo que tienes que hacer, sea mucho o sea poco y deja que Él haga lo suyo y eso, mi querido lector, será lo más impresionante que verás salir de ti.

Un día comenzarás la alabanza que diriges y probarás lo hermoso que es la presencia de Dios sin tener que forzar nada ni predisponerte a algo en específico. Escuchaba a un amigo mío decir, hace algunos días, que está totalmente correcto tener expectativas ya que cuando hay expectativas entonces hay la posibilidad de que Dios las supere, pero quiero que enfoques tus expectativas no a lo que has visto o sabes, sino a lo que Él quiere hacer, que muchas veces por tener tantas ganas de ver algo, nos perdemos lo esencial. Debes recordar que Dios no existe para complacer nuestros deseos, nosotros estamos para complacer sus deseos.

REPASEMOS

¿Qué significa cuando decimos que nosotros somos instrumentos?

¿Por qué hay música que se dejó de cantar aunque se escribió para Dios?

¿Aún está buscando Dios adoradores?

PARA MEDITAR

Si se tratara como comúnmente se ha pensado que Dios nos tiene que hacer sentir bien cuando adoramos, entonces ¿qué sentido tiene que seamos instrumentos creados para alabanza? o ¿qué placer recibe la guitarra al ser tocada?

Un canto que suena bien en la tierra no necesariamente sacude el cielo, pero un canto que suena bien en el cielo siempre sacudirá la tierra.

HAGAMOS ALGO AL RESPECTO

Intenta tomar tu instrumento musical y sin hablar ministra el corazón de Dios.

Atrévete a solo dejarte usar como instrumento tal y como eres, aún sin conocimiento ni experiencia de música.

Une ambos y deja que Dios haga el resto.

DANZA

La danza es un reflejo de nuestra humildad delante del Señor que le dice que haríamos lo que fuera por Él y para Él, entregándole toda la gloria solamente a Él, así la novia siempre estará segura para Él. Renuncia a retener la Gloria que Dios te ha prestado y devuélvela cada día a Él.

La danza es una de las herramientas de guerra más poderosas que nos ha dado Dios para establecer su Reino, ya que como hemos visto en capítulos anteriores, quien es adorado es quien gobierna (Mateo 4:9).

De muchas formas el enemigo se ha adueñado ilegalmente de diferentes áreas de la humanidad sometiendo al mundo a un sistema corruptible que tiene el enfoque de hacernos no solamente pobres, sino también miserables, y aunque ricos pero de cualquier manera insatisfechos, estas áreas de la vida se conquistan y en ellas se establece el nuevo gobierno, el de Dios.

La danza es una arma poderosa en contra del enemigo ya que te identifica como aquel que está dispuesto a hacer cualquier cosa por su Rey, incluso a hacer el ridículo, y déjame decirte que si no estás dispuesto a hacer el ridículo para tu Dios entonces tu vida es un tanto más de religión que de relación (2 Samuel 6:22), ya que al estar dispuesto a hacer lo que sea que alegre a tu Dios, moverá su corazón a tu favor y otorgará a tu vida precisamente el favor que necesitas día con día.

Miremos por un momento al rey David, dice la palabra de Dios que danzó como un loco delante de Dios de tal forma que hasta su esposa, la hija del anterior rey de Israel, le menospreció. Pero mira con atención lo siguiente; Dios estaba tan complacido con lo que David hacía que le dio la autoridad de reprender a aquella fina mujer que conocía todas las costumbres y modales de la realeza, esto, mi querido amigo, me impresiona al máximo, ya que la respuesta del Rey fue: "Y aún me haré más vil".

Refresquemos nuestra mente, "de lo vil y de lo menospreciado ha escogido Dios", y esta fue la autoridad que cerró el vientre de su esposa hasta el fin de sus días y ya no pudo tener hijos.

Imagínate al presidente de tu país danzando como un loco delante del altar de tu iglesia local, o vayamos un poco más, imagínate a la reina del Reino Unido danzando en su iglesia local y las cámaras pasándolo por televisión internacional, ahora bien, estamos hablando del Rey más poderoso de su tiempo, aquel que con trescientos hacía huir a miles, aquel que con piedras mataba gigantes, estamos hablando de alguien impresionantemente grande y notorio, el cual danzó en ropas casi íntimas delante primeramente de Dios y todo su pueblo lo pudo ver.

Orgullo

La trampa está en el orgullo y en la vergüenza, aunque ambas son orgullo. Cuando piensas en tu posición y tus títulos personales, tus logros, y no eres capaz de renunciar ni un poco a lo que Dios mismo te ha dado para humillarte delante de Él. Piensas que quizá alguien debería danzar para ti ¿no crees? Tus ropas finas y tu esencial perfume se verían comprometidos si una gota de sudor apareciera. O crees que es necesario verte pulcro porque tienes que saludar a personas muy finas y destacadas. Esto, mi amigo, se llama orgullo, y lo que más comunica es que tú eres tu propio señor, te quieres adorar a ti mismo y a tu posición, cuando la palabra de Dios dice que fuimos creados para la alabanza de la Gloria de su Gracia y al final es Él quien te ha dado lo que tienes y es por Él que aún estás en el lugar que estás.

Vergüenza

La vergüenza funciona muy parecido, ya que crees que alguien se burlará de ti, y en efecto, mi amigo, quiero que sepas de antemano, que alguien sí se burlara de ti, dirán que eres un beodo, que estás en la carne, etcétera. Quiero que al terminar este párrafo pidas que alguien se burle de ti, ya que es un honor ser burlado cuando haces algo para tu Dios, imagínate que se burlen de ti por una tontería mundana, para eso sí, mi amigo, esconde tu cabeza, pero que se burlen porque adoras y alabas al Dios vivo, no tiene precio, es un privilegio, te da poder y autoridad incluso para declarar fertilidad o esterilidad con tu boca.

Deja que digan lo que quieran de ti, piensa en las cosas que Jesús pasó por ti, la vergüenza que vivió por ti, piensa en los lugares de los que te sacó.

Mucha gente piensa que la transformación en Cristo al dejar las cosas viejas atrás significa que vas a olvidar la vida pasada que llevaste, pero tengo noticias para ti; aunque esas cosas han sido perdonadas y olvidadas por Dios, no existe fórmula para eliminarlas de la memoria de tu pasado, necesitas recordar de donde te sacó Dios para que entiendas por qué cada día es necesario darle toda tu adoración, cada músculo, cada parte de tu ser. Entonces no te importará lo que diga la gente de ti, ni quién eres o lo que has logrado (Lucas 22:31-32).

"¡La voz de mi amado!
He aquí él viene
Saltando sobre los montes,
Brincando sobre los collados.".
Cantares 2:8

¿Recuerdas lo que Jesús hizo por ti? O no crees que ha hecho mucho, quizá piensas que necesitas un poco de motivación, que te lean algunos versos, que venga ese grupo de alabanza que ministra tremendamente o aquel predicador que nos tiene encendidos con la tremenda palabra que da. Te preguntaré lo siguiente: ¿Cuándo fue la última vez que danzaste en casa a solas con Dios? Creo que ya sé la respuesta que me darás, "la danza se hace en la iglesia", por supuesto que no, la danza está en ti, y la puedes ofrecer delante de tus pequeñas ovejas, a solas en el monte, o delante de tu pueblo o equipo a quien Dios te ponga a dirigir, pero si te es complicado danzar para Dios a solas, será más difícil hacerlo delante de cualquier persona. Quizá no has apartado el momento, comienza por eso, busca un momento para entregarte nuevamente a Dios, y darle toda tu adoración, toda tu alabanza y toda tu danza. Así es como estableces en tu casa autoridad, y la arrebatas de cualquiera que haya querido tomarla.

Hay muchas cosas que se perdieron por falta del Reino de Dios en nuestro hogar, hijos, empleos, amigos y muchas otras cosas, y cuando tú preparas un lugar donde quede claro que hay un Dios y Rey por quien estás dispuesto a hacerte hasta lo más vil es seguro que ningún otro príncipe intentará tomar posesión de nada.

Deja de adorarte a ti mismo creyendo que eres más importante como para danzar, ya sucedió en diferentes ocasiones que a alguien se le ocurrió que no era necesario estar sometidos a Dios y que teníamos la opción de "no adorarle".

Lucifer (Isaías 14:12-13), Adán (Génesis 3:6), Nimrod (Génesis 10:9-14), Nabucodonosor (Daniel 4:30); tristemente podemos ver lo que les pasó, de repente creyeron que eran más de lo que son, dice la Escritura que ninguno debe pensar de sí más de lo que es, que no seamos como los que son faltos de cordura. O sea que la Biblia llama locos a aquellos que se creen más de lo que son (Romanos 12:3), pero locos no en sentido figurado o el tantas veces llamado "locos por Cristo", sino los faltos de cordura.

El día que reconozcas que no eres nada sin Dios a pesar de tus títulos y posición, ese día estarás dispuesto a caer de rodillas y pedir perdón, ese día podrás danzar sin parar hasta no sentir tus pies.

¿Puedo ser famoso con la danza?

Creo que cuando la Biblia habla de que algunas cosas que hacemos tienen una retribución pública está refiriéndose a que públicamente el mundo verá lo que tienes de parte de Dios, así que por favor nunca vuelvas a decir que la fama es del diablo. Jesús mismo tiene que hacerse famoso para que el mundo lo conozca, y puesto que Él está sentado en el trono a la diestra de Dios, es congruente pensar que nosotros tenemos la indicación de hacerle famoso, de llevar las noticias de Él. Pero el mundo le conocerá a través de conocer a aquellos que lo llevan en el corazón, así que créeme cuando te digo que necesitas ser famoso si quieres alcanzar naciones enteras para Él.

La Carga de Su Gloria

Ahora, esto lo digo por lo siguiente; hay un peso de Gloria que nosotros llevamos cuando servimos en la presencia de Dios, y la gente lo puede ver, se llama la unción del Espíritu Santo.

Alguien dijo una vez que Dios no comparte su gloria, pero mira lo que dice en (1 Corintios 2:7) "...Ese mensaje habla de los planes que Dios tenía en secreto desde antes de crear el mundo, y que Él quiso manifestarnos para que podamos compartir su gloria." (TLA)

Claramente habla de que nosotros poseemos Gloria y quiero hablarte un poco al respecto.

El Espíritu Santo vive en ti y se mueve a través de ti, todos lo podrán ver y aunque quieras esconderte sabrán que Dios te usó.

Es necesario que sepamos que Dios tuvo misericordia de ti para usarte, tanta misericordia que la única manera de demostrar que estás en el canal correcto es dirigiendo la mirada de los que te miraban de regreso a Dios, y tomando tu corona y poniéndola a los pies de Él.

Creo firmemente que aquellos que predican a Cristo y les cuesta trabajo danzar están envueltos en su propia nube de gloria y no son capaces de ofrecerla de regreso a Dios. Y ese mismo ejemplo de orgullo siguen aquellos que los ven, imitando sus acciones. Por esto Jesús decía: "hagan lo que dicen que hagan, pero no hagan lo que hacen" (Mateo 23:3). Tu vida debe ser un ejemplo antes que nada, antes de que invites al pueblo a alabar y danzar para Dios, primero hazlo tú y hazlo siempre y no tendrás mucha dificultad en llevar a otros contigo.

¿Amigos de la Novia?

Nuestro trabajo como ministerios es colaborar con el Espíritu Santo para preparar a la novia para su glorioso encuentro con su novio, pero muchas veces la novia está más enamorada del amigo del novio, o sea de nosotros los que ministramos, ya que hay unción, palabra y mucha admiración. Hemos visto y puesto nuestros nombres en diversos medios de publicidad o al menos nos gustaría hacerlo, pero imagínate que venga el novio y resulta que Su novia está enamorada del amigo, ¿qué sentirías tú?

La danza es un reflejo de nuestra humildad delante del Señor que le dice que haríamos lo que fuera por Él y para Él, entregándole toda la gloria solamente a Él, así la novia siempre estará segura para Él. Renuncia a retener la Gloria que Dios te ha prestado y devuélvela cada día a Él. Un día platicando con mi amigo y mentor Juan Spyker, me dijo que un verdadero siervo de Dios entre más alto sube, más humilde se vuelve, ¿te pasa esto a ti o te estás preparando para una gran bajada? Dios no lo quiera.

Danzar no es un momento de emoción, por si eres de los que dicen que la danza es por y para la carne, esto lo dicen aquellos que como bien hemos dicho, les falta cordura. Se requiere mucho valor para danzar y los cobardes nunca lo harán, van a criticar y van a buscarle algún argumento, incluso bíblico, para criticarla, pero la danza solo la ejecutan los entendidos y los valientes.

Quiero que tengas claro en tu mente que todo lo que hagas estando aún en este cuerpo mortal estará conectado de alguna manera a la carne, cuando mueves tu boca para orar, no es tu boca espiritual la que estás moviendo, es la boca de carne y músculo, pero no lo haces para la carne, lo haces para Dios y es en ese momento donde nada más importa, de igual manera eres libre para danzar, no importa quién te vea o lo que digan, vas a causar asombro y serás motivo de conversaciones, pero asegúrate que tus verdaderos enemigos espirituales te vean cuando dances y que sepan que no se pueden levantar, esto es, cuando sinceramente y con entendimiento danzas para Dios.

La danza del Amado

¡La voz de mi amado! He aquí Él viene saltando sobre los montes, brincando sobre los collados (Cantares 2:8)

Viene recordándole a toda la tierra quién es el Rey y Señor de todo, no necesita armas para pelear, no necesita ejércitos para defenderse, ¿quién es aquel que podría danzar delante de su amada o ponerle mesa durante la batalla? (Salmos 23:5) "Las armas de nuestra milicia no son carnales sino poderosas en Él para derribar fortalezas" (2 Corintios 10:4).

La danza es una arma de guerra, que siendo bien utilizada es capaz de derrotar a los más grandes enemigos y conquistar toda la tierra.

La danza decreta, revive y recuerda la victoria ya ganada por Jesús y la salvación tan hermosa que hemos recibido, es una demostración de nuestra libertad, ¿recuerdas al cojo que estaba sentado junto a la puerta "La Hermosa"? Después de ser sanado entró al templo, brincando, danzando y alabando a Dios (Hechos 3:8).

Podrás decir que si danzas te sientes "de menos", mi amigo querido, ese es el propósito, es necesario que tú mengües y que Él crezca. ¿Qué caso tiene ser alguien sin Dios? Mejor que Él sea alguien en mí, ¿no crees?

Y si Él se alegra y danza al acercarse a su amada, cuanto más los justos se alegrarán, saltarán y danzarán de alegría, por todo lo que Dios ha hecho (Salmos 68:3).

Quiero retarte a que no continúes este libro sin antes practicarlo, este domingo que viene ve al altar y dale toda tu danza a Dios, hazlo por ti, por tu hogar y por todo lo que Dios ha hecho por ti. Pero el reto se hace mayor, tómate un momento en casa hoy mismo, cierra la puerta de tu habitación, pon un canto que ha ministrado tu vida, no importa el ritmo que tenga y dedícale una danza a tu Señor, tal vez le den ganas de danzar contigo. Tal vez experimentes el mejor momento de adoración de tu vida en tu lugar secreto y cuando sea el momento de entregarle tu danza en público, no tengas ningún problema para hacerlo con todo tu corazón, con toda tu alma y con todas tus fuerzas.

REPASEMOS

¿Por qué danzamos?

¿Cómo se relacionan el orgullo y la vergüenza?

¿Por qué deberías ser famoso?

PARA MEDITAR

El Rey David sabía que Dios lo había escogido en vez de a Saúl, y eso le recordaba que de la misma manera podía volver a suceder, entonces se aseguraba de ser lo más vil posible.

¿Debe danzar el novio para la novia, o la novia para el novio?

HAGAMOS ALGO AL RESPECTO

En la siguiente reunión donde te encuentres, antes de danzar, prepárate, piensa en todo lo que hizo Jesús por ti, y recuerda que al danzar estás poniendo el antecedente de que eres libre y vives en victoria por lo que Él hizo.

CLAMOR

*Qué hermoso lo que dice su palabra
que cuando clamamos solo a Él, cuando solo Él
es nuestra fuente y en quien confiamos
entonces se abre una ventana de conocimiento,
dice que nos mostraría cosas ocultas,
secretos que no conocemos.*

Depender es adorar

Por lo regular, cuando hablamos de clamor, lo primero que viene a nuestra mente es un grupo no pequeño de personas haciendo peticiones a Dios, quizá tomados de las manos, haciendo algunos movimientos violentos y quizá orando con voz alta.

Por otro lado, muchas veces hemos estado inmersos en la idea de que la declaración que hacemos de esta manera sucederá simplemente porque lo decimos.

Estoy convencido de que no siempre necesitamos desgarrar nuestra garganta para que Dios se mueva a nuestro favor, pero sí estoy seguro de que es necesario estar en la voluntad de Dios para que las cosas que Él ya preparó para nosotros se hagan reales, y como decía en un capítulo anterior, si hacemos Su voluntad aquí en la tierra así como en el cielo, seguramente vendrá su Reino y todo el respaldo que incluye.

Jesús dijo en una ocasión que haríamos cosas mayores que Él, y esto me dice que en gran manera el día de hoy el respaldo de Dios se mueve a nuestro favor incluso ¿mayor que el que se movía cuando Jesús vivió en la tierra? Sí, simplemente porque envió al Espíritu Santo, quien desde la fundación del mundo conoce todo lo que había, y lo que hay, y estaba presente en el caos y en el orden de Dios.

Clamor no se limita a gritos, a volumen o a ciertas palabras que podamos pronunciar, aunque vengan acompañadas de lágrimas. Clamor va más enfocado hacia reconocer a Dios en todo y en todos, desde que el hombre comenzó a clamar al nombre de Dios vemos que se comienza a hacer historia, antes no.

Clama a mí y yo te responderé
(Jeremías 33:3)

Clamar a Él y que responda tiene una connotación de propiedad, lo cual me dice que mientras clame "solamente a Él", entonces sucederán las cosas que promete. Qué hermoso lo que dice su palabra que cuando clamamos solo a Él, cuando solo Él es nuestra fuente y en quien confiamos entonces se abre una ventana de conocimiento, dice que nos mostraría cosas ocultas, secretos que no conocemos.

Hablemos un momento de lo que comúnmente llamamos declarar; y por lo regular son frases que hablan de las cosas que queremos que acontezcan y ponemos mucha energía en decirlo porque nos hace sentir bien, nos da una sensación de logro, pero tengo noticias para ti, Dios no se mueve por lo fuerte que grites o por la posición que tengas al pedir, y mucho menos se moverá porque declaraste algo y agregas que lo hiciste "por fe".

Cuando alguien dice que Dios hace lo que Él declara, o que el Espíritu Santo está obligado a hacer lo que esa persona está declarando, no solo está errando, aun peor que eso, está tratando lo hermoso de las promesas que Dios tiene para nosotros con soberbia personal, Dios no está a tus órdenes, tu estás a las órdenes de Él.

Cuando es necesaria la lluvia y de repente llueve en un campo, yo no puedo soplar a las nubes para que se acerquen o se alejen de mí, pero sí puedo estar en el lugar correcto y en el momento correcto cuando la lluvia está por caer.

Si tú quieres ser alguien que clama necesitas ser alguien que aparte de que clama sólo a Él, conoce los tiempos, los momentos en los que estamos viviendo en la tierra y lo que ha dicho Dios que está por venir, ya que la vida que tenemos en Dios no se trata solamente de cultos o de reuniones, sino de gente que está viviendo cada día para Dios y en Dios fuera de las paredes de un templo. Necesitas ser una persona que puede decir con libertad, "vive Dios delante de quien estoy continuamente" (1 Reyes 17:1); esa declaración me parece muy poderosa y creo que es la declaración que todo cristiano debería hacer.

Completa dependencia

Una vida en completa dependencia de Dios, un clamor continuo, una cultura, lo vemos en los jóvenes que llegaron a Babilonia con Daniel y decidieron no contaminarse (Daniel 1:8), porque tenían implícita una cultura de clamor, una cultura de dependencia de Dios, por eso decían cosas tan bizarras como "Aun si Dios no nos salva, no adoraremos la imagen (Daniel 3:17-18)". ¡Qué impresionante! Solamente alguien que conoce a Dios a ese nivel es capaz de decir algo semejante menospreciando su propia vida. Y así estos hombres tenían mayor inteligencia y conocimiento que todos los magos y sabios que pudiera tener el rey (Daniel 1:20), o sea, sabían secretos que nadie más sabía.

La vida de clamor, la vida de dependencia de Dios te lleva a conocer profundidades, anchuras, longitudes y alturas; aunque apenas, hace poco tiempo, se ha afirmado la existencia de más de tres dimensiones, quiero decirte que Dios ya lo había revelado en su palabra.

Si quieres conocer el clamor genuino, detente, cuando tengas oportunidad, a ver a un bebé recién nacido; y cuando lo veas llorar sabrás que con su lloro, al igual que muchos de nosotros, está pidiendo o solicitando algo, pero te haré una pregunta, ¿crees que ese bebé esté preocupado por la bolsa de valores, la contaminación, la política? Ese bebé solo necesita unas pocas cosas; comer, dormir y ser limpiado.

Tú y yo necesitamos tres cosas hoy, Comer de Su palabra, descansar en Él y ser limpiados todos los días, eso es clamor. Clamor es estar dormido en la barca durante la tempestad, despertar y darle instrucciones a los vientos y a la lluvia (Mateo 8:27), sabiendo que tienes todo el respaldo de Dios. Así mismo el bebé está convencido de que su papá no lo va a dejar sin comer, no le permitirá pasar frío y por supuesto que lo mantendrá limpio, ¿de dónde proviene tal confianza? De los niños y de los que maman ha perfeccionado Dios la alabanza (Mateo 21:16). Es el mejor ejemplo de alguien que clama, alguien que es como niño tiene la capacidad de confiar plenamente en Dios y vivir en el Reino de Dios.

Cuando tomo la decisión de clamar

Vayamos a una historia bíblica donde a Daniel se le ofrece no buscar a Dios en oración por treinta días (Daniel 6:7), muchos habrían encontrado esta propuesta muy atractiva ya que el rey suplía todas las necesidades de Daniel, no necesitaba depender de Dios ya que era un gobernador del rey y podía pedir todo cuanto quisiera y no le faltaría nada.

Veamos el panorama completo, Daniel lo tenía todo y tenía también a Dios, así que cuando le piden entregar su relación con Dios decide, por el contrario, entregar todo lo demás. Tenía el mejor salario después del rey, y no creo que existiera algo que le fuera imposible obtener en términos naturales, no solo eso, Daniel era superior que sus colegas, tanto que el rey pensaba ponerlo sobre todo el reino (Daniel 6:3).

Quiero hacer una pausa aquí y decirte que no importa cuánto tengas, los logros y títulos, incluso el dinero que tengas, lo que más necesitas para lograr éxito en lo que sea que emprendas, es un espíritu diferente como el de Daniel, de tal manera que los gobernantes del mundo te busquen para recibir consejo, y aun cuando te ofrezcan un gran salario y todas tus necesidades suplidas, puedas decir que tu porción viene de Dios y por ninguna razón comprometas tu relación con Dios ni por más dinero, mucho menos por temor a perderlo todo, incluso tu propia vida.

Mantente fiel e irreprensible en todo lo que hagas, condúcete con prudencia y no te precipites a los atajos de esta vida, espera con paciencia el momento de tu llamado y de tu promoción.

Muchos tendrán envidia de ti, de hecho esta es una señal de que estás teniendo éxito en tu misión, significa que lo que tienes es valioso y has hallado favor ante los ojos de Dios primeramente.

Enseguida viene la prueba a vencer, es muy sencillo, mi querido lector, lo único que tienes que hacer para mantener tu lugar, tu posición, tus éxitos, tus regalías y aún tu propia vida es dejar de orar por treinta días.

Estamos hablando de un hombre que oraba tres veces al día todos los días, y esos solo eran sus momentos de oración programados, es obvio que hablaba con Dios en todo momento.

El interés más grande del enemigo hoy en día no es hacerte caer, pecar, fallar o algo por lo que muchos religiosos luchan. La meta del enemigo es truncar tu relación con Dios, tu dependencia de Él y por supuesto, tu tiempo de oración. Si te portas bien sin Dios serás un buen moralista, si te portas mal sin Dios serás un buen pecador, pero si estás con Dios será más difícil que el enemigo te haga caer, así que su intención es sacarte de la zona de seguridad, el lugar donde conoces a Dios cada vez más y más. Solo treinta días, ¿qué puede pasar en treinta días? Parece que no mucho pero, ¿a quién tenemos en la tierra sino a Él? (Salmos 73:25).

Es tan poderoso tener un encuentro con Dios todos los días, veo claramente que los otros gobernantes no tenían nada que ver con Dios, pero entendían que ésa era la fuente de su sabiduría y la intención era que Daniel decidiera apartarse de Dios por treinta días, y con esto Daniel estaría más derrotado que si le quitaban su posición o sus títulos.

Solo treinta días, "no pasa nada", le susurraban a Daniel, "mira, ojos que no ven, cierra tu ventana y que nadie te vea, solo hazlo en la superficie aunque ores en tu interior".

Quiero que entiendas que Daniel tuvo oportunidad para salirse de esta treta, ya que fácilmente podría hablar con el rey, irse de viaje por treinta días, cerrar su ventana o cambiar su horario de oración, sin embargo ¿qué hizo? Justo cuando escuchó que había un edicto contrario a su devoción por Dios, hizo tal como lo hacía normalmente, entró en su casa y con las ventanas abiertas oraba y daba gracias a Dios.

Nuevamente, clamor no es exclusivo de gritos, y no me sorprendería si Daniel levantaba su voz, ya que para escucharlo orar desde afuera de su casa, los gobernantes o sus enviados tendrían que estar afuera escuchando.

Sin embargo, el clamor se trata de una vida rendida a Dios donde, aunque no tienes todo lo que quisieras, dependes totalmente de Dios, y aun cuando tienes todo, dependes de Dios, y no estás dispuesto a comprometer tu relación con Dios por otras relaciones, por miedos o vergüenzas, ni siquiera un poco aunque sea para salvar tu vida.

Mira ahora el calibre de los amigos de Daniel, el rey levanta una imagen y estos se rehúsan a adorarla, por lo cual se hacen merecedores del horno de fuego, lo sorprendente son las palabras de ellos, "aun si Dios no nos salva del horno" no adoraremos la imagen. Querido lector, esta es una parte crucial de este libro, donde quiero romper con algunas ideas que hemos tenido los cristianos por años, donde creemos que Dios está obligado a respaldarnos porque clamamos a su nombre con intensidad. ¿Tú crees que esos primeros cristianos que quemaban vivos o que tiraban vivos como alimento a los leones no clamaban a Dios? Claro que clamaban y con gritos, pero Dios no les salvó. ¿Es Dios malo? De ninguna manera, pero nuestra actitud es la que debe ser correcta, ellos dijeron que estaban dispuestos a morir antes que renunciar a Dios, esto es el clamor que estoy buscando, no solo gritos, mi querido amigo, tú puedes gritar todo lo que quieras, pero si no estás en total dependencia de Dios no habrá el respaldo que buscas, es la capacidad de decir: "Estoy para mi Dios incluso si Él no hace lo que espero que Él haga", ¿puedes decir lo mismo?

"Clama a mí, y yo te responderé, y te enseñaré cosas grandes y ocultas que tú no conoces.".
Jeremías 33:3

¿Cuál es esa petición que llevas años haciéndole a Dios? Y esperas que pronto se confirme, que te den palabra, que suceda. Mi pregunta a ti es la siguiente: ¿Estarías dispuesto a seguir a Jesús incluso si no te da eso que tanto anhelas? Pon mucha atención, no estoy infiriendo que Dios no cumple su palabra, estoy hablando a tu conciencia, estoy tocando tus coyunturas, ese lugar donde el espíritu y el alma hacen colisión, y donde debes ganar todas tus batallas, el lugar de tu clamor, lo que Dios prometió lo va a cumplir, pero... ¿si no te diera todo lo que quieres aun fuera eso útil para Su Gloria, le servirías de la misma manera? ¿Le buscarías de la misma manera?

Te propongo algo, deja de orar por treinta días y te perderás momentos de poder que quizá nunca recuperes. Daniel tuvo que clamar a Dios para encontrarse con los leones y vencer, sus amigos tuvieron que clamar a Dios para encontrarse con el hijo de Dios dentro del horno de fuego.

Si quieres tu más grande reto y tu más grande victoria en la vida, no dejes de clamar, no dejes de depender de Dios, clama a Él, solo a Él y Él te responderá y Él te mostrará cosas que nunca viste.

¿Podemos caerle bien a Dios?

Bíblicamente, caerle bien a Dios es que Él se agrada de nosotros, y sí se puede, en (Romanos 9:16) dice la palabra de Dios que "no es de quien quiere ni de quien corre sino de quien Dios tiene misericordia", y cuando meditaba en esto lo primero que se vino a mi mente es la imagen de mi persona con cara de necesidad extendiendo mi mano a Dios a ver si me da una caridad, terrible imagen.

Hemos hablado de ser totalmente dependientes de Dios, de que Él tome las riendas de cada parte de nuestra vida, incluso de nuestra misma vida, pero cuando llegamos a este punto, mi pregunta es ¿de quién tiene Dios misericordia?

Cuando era niño, recuerdo claramente que mi papá me dijo algo que aun el día de hoy hace eco en mis oídos, "Dios se va a compadecer del que fue afectado, no del que causó el dolor", y siempre conservo ese pensamiento sabiendo que "ay de aquel que hiciere caer a uno de estos pequeños, mejor le fuera atarse una piedra de molino y arrojarse al mar" (Marcos 9:42), y en efecto, veo que aquellos que sufren son los que más propensos están de recibir misericordia, y aquellos que recibieron misericordia sabrán cómo ejercerla, ya que son los que han tenido la necesidad y ahora entienden a aquellos que están en necesidad.

Recibir misericordia no es para cualquiera, por ejemplo, en el tiempo de Jesús, había muchos ciegos en Jericó (Marcos 10:46), pero solamente Bartimeo fue sanado, al menos ese día. Había infinidad de viudas en Israel en el tiempo del profeta Elías, pero solamente la viuda de Sarepta fue considerada para recibir la visitación. Había muchas barcas aquel día que partieron del mar de Galilea, pero Jesús solamente estaba en una. Había muchos publicanos en el tiempo de Jesús pero solamente Mateo fue seleccionado. Había muchos pecadores en el mundo, y tú has sido llamado y por la misericordia de Dios eres escogido.

Cuando Dios tiene misericordia de ti, es porque te has metido en una situación donde no puedes hacer nada por tu cuenta, y no puedes depender de nadie más que de Él. Creo que te mira y observa el nivel de tu dependencia en Él y entonces decide moverse a tu favor.

Quiero hablarte más directamente, quizá tienes grandes sueños y anhelos, y tal vez has intentado tantas cosas y no ves luz al final del camino. Hablas de tus sueños, haces planes y ahorras, incluso a veces te has movido "por fe" pero no sucede lo que crees que debería suceder, te desesperas e intentas otra cosa, no funciona, sueñas un poco más, luego tratas de hacer algo más.

Mi pregunta para ti es ¿a quién quieres agradar haciendo esas cosas? Dios ya se ha agradado de tu persona, no necesitas impresionarlo, lo único que debes hacer es dejarte caer en la palma de su misericordia, y aquí es donde me preguntas, ¿y cómo hago eso?

Te lo diré en palabras que conoces muy bien, hay que caerle bien a Dios. Parece que esta expresión está errada, pero nada más mira qué lugares le gustaba frecuentar a Jesús, cuando visitaba a

María, a Marta y a Lázaro, si lees bien la Escritura, le agradaba ir a esa casa, le gustaba pasar el tiempo allá, le atendían pero sobre todo le escuchaban (Juan 11:5).

La magnitud de caerle bien a Dios es comprendida el día que entras en la dificultad y puedes decir: "Solo Jesús me pudo sacar de esto".

No había otro que pudiera resucitar muertos en ese momento, y Jesús lloraba porque su amigo acababa de morir, y porque sus amigas, las hermanas de su amigo estaban en duelo. Quiero repetirte algo, había muchas personas muriendo en el tiempo de Jesús, pero Él decidió visitar a esta familia y resucitar a su amigo, con quien se sentía muy bien, con quien había pasado tantos momentos hermosos y pláticas interminables.

Sí podemos caerle bien a Dios, pero no sucede automáticamente, necesitamos pasar tiempo con Él, abrirle las puertas de nuestra casa, familia y darle toda nuestra atención, dejemos a un lado toda distracción y pongamos los ojos en Jesús y veamos qué pasa, veamos si el día que venga el problema nos sentiremos solos o abandonados.

Cualquiera que fuera el motivo de la muerte de Lázaro y sin conocer la clase de hombre que era o cómo vivía, lo cual no se menciona en la Biblia, estoy convencido que la diferencia no era que Lázaro fuera muy bueno o malo, la diferencia es que Jesús lloró cuando murió, y me pregunto si aún existan personas de las que Dios se agrade tanto que diga, "no quiero que muera, me agrada tanto cómo es y cómo me trata, lo voy a resucitar, o me lo llevo sin que muera".

Recordemos a Enoc, que caminaba con Dios (Génesis 5:24), te aseguro que le caía muy bien, de tal manera que venía solamente a pasar tiempo con Él. ¿Recuerdas al profeta Elías al cual Dios respaldaba incluso cuando actuaba en su pasión? Y que se lo llevó también sin que experimentara la muerte (2 Reyes 2:11), y ¿no dice Santiago en la Biblia que Elías era un hombre sujeto a pasiones como las nuestras y aun así cuando clamó, Dios le oyó? (Santiago 5:17), te estoy tratando de decir que dejes de esforzarte en ser bueno, en ser el más correcto y perfecto en tus fuerzas, deja de enfocar tu energía en las cosas que necesitas dejar de hacer, que ambos sabemos que no agradan a Dios, más bien enfoca toda tu energía en agradarle a Él, y en que Él se agrade de ti y sé que eventualmente también aquellas cosas que tienes que dejar menguarán.

Logramos agradar a Dios cuando hacemos su voluntad, y aún mejor, cuando sometemos nuestra voluntad a su voluntad, es ese momento donde la duda decrece y la fe toma forma y color, donde miras tus bolsillos y están vacíos pero tu fe desborda y sabes que nada te faltará (Salmos 23:1).

Es atreverse a dar un paso en el pantano sin saber si hay un lugar fijo dónde pisar, pero de todas formas avanzas, creo que el día que te rindes totalmente a Dios dejas de preocuparte por las cosas que hasta este momento considerabas importantes y Él se convierte en el más importante para ti.

Quiero cerrar este tema enfatizando que el clamor no depende y no está limitado por las situaciones actuales en tu vida, mucho menos por tu estado de ánimo o personalidad.

Tan cerca de Dios puedes estar, que eres capaz de hablar con Él tal y como lo haces en cada área de tu personalidad, le hablas cuando lloras, cuando te enojas, cuando estás contento y cuando estás tranquilo. Hemos adoptado formas totalmente religiosas y tradicionales a la hora de acercarnos a Dios.

Entonces ¿Dios no te escucha cuando estás triste, o enojado, o feliz, o serio? Por supuesto que sí. Quizá esa duda muchas veces te ha inclinado a no hablar con Él, ya que no te encuentras en el momento ideal de tus circunstancias, por lo tanto pospones tu clamor.

Alguna vez le has presentado tus quejas, créeme, no se ofenderá por eso, hay personas en el mundo que han superado eso que estás viviendo y aún más. De hecho vemos hombres quejándose con sus jefes, padres, incluso con sus pastores, ¿no crees que nuestro Dios es mejor y más grande? Exponle también lo que sientes que está funcionando mal contra ti.

Por lo regular queremos hablar cuando todo está funcionando bien, o cuando nos urge tanto su intervención, pero ¿por qué no también ser capaces de traer nuestras frustraciones, dolores, quejas junto con nuestra adoración, oración y honra? Alguien dijo: "Es que a Dios le damos solamente lo mejor de nosotros", suena bien, pero mi Dios no tiene religión ni denominación, Él me aceptó cuando estaba sucio y contaminado y me hizo una persona nueva y limpia, de hecho todos los días de mi vida trabaja en mí.

Debes saber que cuando te acercas a Dios no es necesaria una postura de tu cuerpo, o una fluidez de palabras, no es necesaria una larga lista de comprobación o un estado de ánimo específico, lo que necesitas para acercarte a Dios es creer que Él es real, que es verdadero, y que te quiere dar regalos solamente por buscarle, ahora es más claro el caerle bien a Dios (Hebreos 11:6).

Un día los discípulos le preguntaron a Jesús acerca de cuál es la obra de Dios, la obra que Dios aprueba (Juan 6:28). Si miramos con cuidado en Efesios 2:9 dice que la salvación no es por obras, de hecho a la tradición le gusta condenar y alabar las obras, así como un día en el templo Jesús les hizo ver que era por sus tradiciones que un mujer encorvada no podía ser sanada (Lucas 13:11), y cuando Jesús la sana en sábado los fariseos se indignaron ya que estaba prohibido sanar en sábado.

La obra que Dios aprueba, respondió Jesús, es que creas en aquel que le envió. Es la obra válida que Dios mira, que creas que Él es tu refugio, tu sustento, tu auxilio, tu roca, tu escudo, etc.

Clamor público vs privado

Quiero tocar el tema del clamor privado, ya que se conecta con el tema anterior, y el público se conectará con el capítulo final.

En varias ocasiones vemos que el Señor Jesús se apartaba a orar a solas (Lucas 9:18), de preferencia lo hacía de noche, quiero pensar que era porque no había las distracciones y, por supuesto, no había internet, Facebook ni TV.

La oración a solas tiene tal poder que solamente lo puede descubrir quien lo vive con la puerta cerrada y sin publicarlo. Es un lugar, una conexión de alta velocidad, una línea directa al cielo. Lo que quiero decir es que te provee de revelación, sobre todo de revelación acerca de quién es Dios. Es un momento en el que no solamente hablas, sino que abres tus oídos para atender lo que Dios te quiere decir.

Entra en tu habitación y cerrada la puerta, habla con tu Padre que está en los cielos, pero habla en secreto, y Él te responderá en público. Lo que te quiero decir es que no importa cuánto sepas de parte de Dios y su palabra escrita, si eres o no un gran orador, tu eficacia en la ministración pública es directamente proporcional al tiempo de oración que vives en privado.

Hay una cita en la Biblia que me gusta mucho, es donde dice que cuando le buscas en privado Él te recompensará en público (Mateo 6:6), cuando te promete que en público te recompensará, significa para mí que tendrás su respaldo, que aprobará lo que hagas y que todos verán que Dios está contigo y no tendrás que esforzarte para demostrar nada, sencillamente harás algo tan simple y todo el poder, la autoridad y el respaldo te seguirán de cerca.

En este punto vas a determinar si quieres imitar a otros o si quieres que Dios haga en ti la obra destinada solamente para tu vida. Quiero decirlo muy claramente ya que a veces con la intención de lograr un fin hacemos lo que podemos en nuestras fuerzas, pero en el corazón de Dios no funciona así.

Quiero hacer énfasis en que para Dios no existe otro como tú, y para ti tiene planes que no tiene para nadie más, solo que simplemente te has desesperado y anhelado tener lo que otros tienen e inclusive has imitado las formas para lograr esos resultados, pero aunque hubo algo, sabes bien que no es lo que buscas ya que la plenitud de tu unción, de tu llamado, está en ti, en lo que Dios ya dijo de ti, por esto, mi querido amigo, quiero retarte a que busques a Dios y no a un canal de televisión, o un autor, o una organización, y afirmo lo siguiente; no tiene nada de malo que veas, leas o atiendas enseñanzas que otros tienen u ofrecen, al contrario nútrete con lo que otros han levantado, pero por favor no bases tu ministerio en la unción de otros ni en lo que Dios hizo en otros porque seguramente te encontrarás con la mayor frustración de tu vida y vivirás bajo la sombra de aquel a quien admires o imites cuando la Escritura dice que "el que habita al abrigo del altísimo, morará bajo la sombra del omnipotente" (Salmos 91:1) necesitas buscar ese abrigo, el que fue hecho a tu medida, el que te sienta bien y sabes que es tuyo, ese momento en el que dijiste me siento pleno sirviendo a Dios. Pero todo esto sucede únicamente cuando pasas tiempo a solas con Dios.

En muchas ocasiones subí al altar sabiendo que no había pasado tiempo con Dios como debería, y aunque la música y la alabanza hicieron su trabajo, hubo incluso aplausos, al bajar del altar tenía el vacío que también sé que tú has sentido y encontré el remedio para ese mal, tan sencillo como pasar tiempo con Dios todos los días así como hacía Daniel.

Por lo tanto en público tendrás un respaldo total de parte de Dios, si en privado estás conectado.

Ahora bien, cuando hacemos un clamor público me refiero a cuando nos reunimos a orar como familia natural y espiritual buscando a Dios y su dirección.

Durante los últimos cinco años he aprendido algo del clamor, y en su gran parte parecen tan solo formas, pero quiero que sepas que desencadenan poder en tu oración.

Clamando juntos en una dirección especificada

Clamar juntos en una dirección especificada es cuando quien dirige nos da un motivo de oración, una dirección y toda la familia en voz audible comienza a orar, este modelo es muy buscado ya que parece representar que algo está sucediendo cuando hay una sinergia en el clamor, de hecho muchos predicadores buscan esta respuesta del pueblo y creo que sin una mala intención, pero parece indicar que al llevar todos un volumen alto en su oración se está logrando el objetivo, pero no es precisamente así.

Como hemos visto, la eficiencia del clamor no está determinado por el volumen, el número o por el tiempo, Ana oraba en su pensamiento y fue escuchada (1 Samuel 1:13), Jesús oraba solo, y a veces con tres personas más, además la Biblia dice que cuando están dos o tres reunidos en su nombre Él responde, ¿por qué diría dos y no uno solamente? Creo que el mínimo es dos de acuerdo con este pasaje y seguramente Dios escuchará a dos, si se pusieran de acuerdo, así que los números no determinan la respuesta, mucho menos el tiempo que tardes pidiendo determinará la respuesta, Jesús les dijo a los fariseos que no se hicieran esperanzas de ser escuchados por sus largas oraciones (Lucas 20:47).

Solo pongo las cosas en perspectiva e intento mostrarte todo el panorama de las cosas para que si hubiera un indicio de tradición con sabor a religión lo elimines de tu vida.

Quiero decirte que no es incorrecto clamar a Dios con mil personas, por diez horas, a toda garganta, al contrario es hermoso practicarlo y sé que aunque no es la regla, pero Dios se mueve con poder porque Él respalda a aquellos que se mueven en Su voluntad, dicha voluntad no la aprendes en congresos, o en eventos masivos, la aprendes en el secreto de Dios, la aplicas en público y verás la respuesta en el momento.

En una ocasión estábamos orando en una plaza de la ciudad y durante un momento de alabanza, un hombre estaba danzando y sufrió un infarto en su cerebro por lo cual tuvo que ser llevado al hospital, pero ¿qué crees? No dejamos de orar, al contrario oramos más fuerte, nuestro amigo y hermano está totalmente sano y sigue danzando para el Señor cada vez que tiene oportunidad.

Escuchando y Clamando

Quiero mostrarte otro escenario de oración en público, y mientras te lo digo no implico que este o el primero es el bueno o el mejor, solo afirmo que bajo la dirección del Espíritu Santo es como debemos movernos.

En este caso no importa si estamos sentados o de pie, pero es vital que la persona que esté orando y dirigiendo el momento de la oración se escuche claramente, de tal forma que todos los presentes puedan ponerse de acuerdo con lo que se está hablando con Dios, este modelo es tan poderoso, por eso requiere de personas que se dejen guiar por el Espíritu Santo para orar y dirigir correctamente al pueblo.

Lo que sucede es lo siguiente, quien ora permite que todos los presentes escuchen lo que está diciendo y de esta manera quienes oyen podrán afirmar, asentir, confirmar, reforzar y sobre todo unirse al clamor, por ejemplo si la persona está diciendo "Dios, guarda la vida de nuestro pastor", tú que lo escuchas dices: "Sí, Señor, su salud, su entrada y salida, su casa" etc. Si Dice algo como: "Gracias, Dios por tu amor", tú que escuchas puedes afirmar y decir: "Sí, Señor, Tu amor es grande y hermoso", etc. De esta manera estamos conectados y de acuerdo en lo que se está orando y en la dirección que nos están guiando.

Es importante saber cuándo bajar la voz para escuchar dirección y permitir que todos podamos estar de acuerdo en la oración.

Un dato muy particular en este modelo es que, por ejemplo, cuando sientes que el Espíritu Santo se está moviendo de una manera especial durante algún momento de la oración de quien dirige, sobre todo en grupos más pequeños, acércate hacia donde está quien dirige y sin socavar su voz, junto a él, afirma y fortalece lo que está diciendo, siempre dejándonos guiar por el Espíritu Santo.

Cierro este capítulo diciéndote que de la manera que te has encontrado con Dios, no lo dejes de hacer, aquí lo importante no es tu postura física, más bien la de tu corazón, y esa es la que Dios va a mirar a la hora de responder.

REPASEMOS

¿Cuál es la clave del clamor?

¿Cuándo crees tú que debemos declarar?

¿Qué pasaría si dejaras de clamar por treinta días consecutivos?

PARA MEDITAR

Caerle bien a Dios es posible, es alcanzar su misericordia, ¿cuál será la clave?

Cuando clamamos en público, podemos definir por el Espíritu la lista de oración pero también podemos escuchar dirección al momento y dirigir una oración poderosa.

HAGAMOS ALGO AL RESPECTO

Entra en tu habitación, y cerrada la puerta clama a tu Padre en secreto, hazlo por treinta días (fig.), espera la prueba, véncela y después observa lo que pasará.

GUERRA

Por eso cuando miro ejércitos humanos
que se levantan a forzar su religión o su ideología
a las demás personas, lo único que me dice
es que su Dios no es tan poderoso como se ha
planteado. ¿Qué Dios sería tan poderoso si
necesitara que su creación o, mejor dicho,
un ejército de humanos lo defendiera?

Entendiendo nuestra lucha

Por lo regular, cuando hablamos de guerra en términos espirituales nos llega la imagen de una persona que ya tuvo suficiente de las circunstancias que vive y por lo tanto su actitud está dirigida a batallar y vencer a un enemigo que pensamos tenemos que vencer aunque sabemos que nuestro enemigo ya fue vencido (1 Juan 5:4).

Parece que nuevamente debemos levantar la voz y aún más, gritar creyendo que el enemigo huye o las circunstancias cambian solo cuando el volumen de nuestra voz es alto.

En efecto, cuando escuchamos de guerras, incluso en la historia, sabemos de gritos ruidosos que se emplearon para intimidar al enemigo, el asunto es que tú y yo no estamos para intimidar a nadie, mucho menos a un enemigo que ya está derrotado.

Quiero que entiendas en este último capítulo que primero que nada nuestra lucha no es contra carne ni sangre, así que cada vez que has peleado con alguien, solo puede haber dos vertientes; peleabas contra la carne o desde la carne (Efesios 6:12). Contra espíritus malignos o por influencia de espíritus malignos, no puede haber un punto medio en esta aseveración, por lo tanto quiero poner sobre la mesa el siguiente pensamiento; si el enemigo ya está vencido, si no peleo contra carne y sangre, si en Cristo somos más que vencedores, ¿por qué seguimos peleando? A veces contra carne y sangre (nuestros hermanos en Cristo y otras personas) y a veces en el espíritu (contra los principados y potestades).

El problema reside en nuestro entendimiento de la victoria en la cual estamos si creemos en Jesús y la hacemos efectiva si permitimos que su Espíritu Santo obre en nosotros.

Medita conmigo, ¿cuántas veces lloraste de tristeza cuando sacaste un primer lugar en algo?, o quizá ¿te lamentaste?, ¿estabas deprimido, derrotado, vencido? Al contrario, cuando ganaste ese concurso querías celebrarlo, darlo a conocer, disfrutarlo. Entonces ¿por qué cuando sufres un ataque del enemigo toda tu actitud decae? Y lo primero que crees es que estás mal y necesitas más ayuda en tu lucha que la que el Espíritu Santo te ofrece, y por tanto no puedes disfrutar de todas las victorias que ya has logrado en Cristo.

Veamos el siguiente panorama; los cristianos muchas veces nos portamos como en un juego de ajedrez donde para ganar tuviste que sacrificar a tu reina, el juego estuvo reñido pero al fin ganaste, te dan tu premio y te felicitan públicamente por ser el primer lugar en ajedrez de tu escuela u organización, pero te vas triste a casa porque para ganar tuviste que sacrificar a tu reina. Suena difícil de creer, pero así actuamos muchos cristianos, hacemos sacrificios en esta vida, y quizá toda nuestra vida sea un sacrificio perpetuo, pero se nos olvida el verdadero sacrificio que ya se hizo y que compró todos los sacrificios que podrían existir, entonces sufrimos un pequeño resbalón y nos desanimamos cuando estamos a tres escalones de llegar a la cima que tiene tres mil escalones.

Lloramos las pequeñas contiendas cuando deberíamos celebrar las grandes victorias, lamentamos insignificantes pérdidas cuando podríamos hacer grandes contribuciones.

Te diré algo acerca de los momentos en los que no puedes celebrar, y con esto me refiero a los momentos donde se te hace imposible adorar a Dios con todo tu ser, es que simplemente no tienes la revelación del tamaño de la victoria que posees en Jesús o se te ha olvidado, y ahora sí, tristemente y con la cabeza baja vas por el pasillo de la iglesia pidiendo que alguien te dé una palabra como si fuera un elixir que curará tus tristezas, cuando tú deberías estar lleno de la palabra de Dios siempre, y deberías derramarla por todo lugar donde pasaras.

Entonces, ¿de qué manera peleamos nuestras luchas y los rezagos de la guerra espiritual?, ¿como vencidos o como vencedores? El asunto es preguntarte de qué lado estás, si tu revelación te lleva a caminar en el agua o a quedarte en la barca, a quejarte cuando la tormenta viene o pedir caminar en el agua.

En ese punto puedes determinar en qué lugar estás de este pequeño dilema, cuando tu actitud apunta hacia oportunidades cuando hay imposibilidades; estás de parte de los vencedores, pero cuando ves imposibilidades cuando hay oportunidades entonces necesitas levantarte, recibir el entendimiento que deberías tener en Jesús, y caminar hacia esa revelación.

Sonrisa en la guerra

La risa puede representar burla, felicidad y gozo, pero también puede denotar seguridad y confianza.

Imagina un ring de box, cuando un peleador no sabe si va a ganar o está parado en los azares de su destreza al combatir, su rostro refleja la aflicción interna que le indica a su cuerpo y rostro una compostura de alguien que lo está intentando y que no es malo sentirse así porque seguramente tiene toda la actitud y mucho entrenamiento.

Por otro lado podríamos ver a otro peleador estar tan entrenado y seguro de sí mismo que llegue a sonreírse burlándose delante de su oponente y su rostro reflejará esa confianza y seguridad en sí mismo. Aunque quiero que sepas que nuestro propósito no es burlarnos de nadie ni en el cielo ni en la tierra, ya que solo Dios es juez y quien dará el castigo a los que procedieron mal y galardón a quienes creyeron en Él.

Sin embargo, estos espíritus que pelean batallas ya perdidas y mejor dicho en las que a nosotros ya se nos asignó la victoria, ellos no tienen oportunidad de salvarse, yo no me burlaría de ellos, más bien muy dentro de mí existe cierta tristeza de que algún ser creado por Dios tuviera que ser destruido, o ¿por qué crees tú que Jesús bajó a las profundidades de la tierra, al centro de la tierra

(1 Pedro 3:19) y les predicó a los espíritus encarcelados? Dice su palabra que lo que Dios hizo es bueno o al menos inició bueno.

El punto es que no estamos llamados a burlarnos en la batalla sino a pelear la buena batalla, y allí está la clave, "la buena" batalla, si es tan buena, ¿por qué la sufrimos tanto?

Ahora volvamos al peleador de arriba, digamos que no es el más entrenado ni experimentado pero sabe bien que su oponente por más irritante que sea, ya está vencido, una y otra vez lo has vencido.

Lo has visto con su nariz en la lona en repetidas ocasiones, y te han dado numerosos cinturones; ¿estarías sufriendo y preocupado de enfrentarlo una vez más?

Tu actitud no es de pelea en la carne sino de victoria en el espíritu, por eso la sonrisa de la que te hablo es la de gozo, alegría, paz y victoria. Es una sonrisa que le recuerda al enemigo que solo vienes a recordarle que está vencido, es una actitud desde el interior de tu corazón que se refleja en todo tu ser dirigiéndolo a adorar y alabar a Dios y demostrar el gozo y la paz que solo los puede dar nuestro Dios.

Por eso estoy convencido que aquellos que viven como vencedores son aquellos que pueden adorar, alabar, danzar y hacer toda clase de locuras para Dios, quien te tomó aun muerto en pecados y delitos y te salvó (Efesios 2:5), quien te tomó enfermo y te dio sanidad, quizá debiste morir en ese accidente o pasar el resto de tu vida en ese hospital o en cama, pero Dios te libró y ese pensamiento de victoria lo tendrás por el resto de tu vida para proclamar la victoria de Jesús.

Aquellos que adoran y alaban a Dios, lo que están haciendo es una demostración simbólica de una guerra ya ganada, no tienes que pelear por lo que Jesús ya venció, no tienes que morir, porque Él ya murió y resucitó, no tienes que sufrir porque Él ya sufrió en tu lugar, entonces cuando alabas con todas tus fuerzas es como esas obras de teatro que representaban antiguas batallas ya ganadas, todos las disfrutamos en alguna ocasión y recordamos con gozo lo que se logró o la libertad que se obtuvo de esa victoria en dicho conflicto; de la misma manera cuando adoramos, alabamos, danzamos, gritamos, etc. Es la obra de teatro que le presentamos al Señor, a nuestro Dios, para recordar las grandes cosas que Él hizo y que nadie ha podido lograr en toda la eternidad. Por lo tanto sonríe, adora, alaba, que nadie te detenga, es la perfecta demostración que tienes en esta vida para hacer la lucha, la guerra, o mejor dicho recordar que no tienes que pelear sino traer a memoria las victorias ya ganadas por Jesús y que en Él eres más que vencedor (Romanos 8:37).

Adoración en el cielo vs. en la tierra

Te diré un secreto más profundo, muchos cristianos piensan que cuando vayan al cielo con Dios experimentarán la mejor adoración que ha existido, y esto en parte es verdad debido a que estaremos con Él para siempre (1 Tesalonicenses 4:17). Pero quiero decirte una verdad que va a cambiar la manera que ves la adoración; dice la Biblia que en el cielo no habrá más llanto ni tristeza ni dolor (Apocalipsis 21:4), o sea que tampoco deudas ni contratos, fechas límite de pago ni cuentas para pagar. De esta forma entendemos que adorar no será un eterno sacrificio sino un eterno deleite.

Ahora bien, aquí en la tierra, en este cuerpo mortal aún tenemos dolores, tristezas y todo lo antes mencionado, y es aquí donde podemos demostrar que realmente adoramos a Dios, en medio de lo que sea que estés pasando puedes levantar tus manos, incluso si tienes que derramar lágrimas lo haces pero independientemente de lo que estés pasando sea de la magnitud que sea tienes la oportunidad de adorar a Dios a pesar de lo que estés viviendo, y eso, mi querido amigo, es pura adoración.

No te detengas por lo que estés pasando, al contrario adora al Señor con más fuerza, cree que Él entiende lo que estás viviendo, pero sin Fe es imposible agradarle (Hebreos 11:6), Él habita en la alabanza de sus hijos, y está buscando adoradores por toda la tierra, ten la fe, no solo creas en Él, también créele a Él, dice su palabra que al que cree todo le es posible (Marcos 9:23), pero tienes que creer en TODO lo que Él tiene para ti, no nada más decir "creo" como si fuera una frase de poder místico, es necesario creer ese todo, para que sea posible.

¿Dios busca adoradores?

(Juan 4:23)

Aquí hay otro punto muy importante para los guerreros en adoración. Por lo regular usamos esa frase en la Biblia para motivar a la Iglesia a adorar a Dios; "Dios está buscando adoradores que le adoren en espíritu y en verdad", pero analicemos el contexto, y cuando Jesús dijo estas palabras, aún no había muerto en la cruz ni resucitado, de hecho estaba hablando con una samaritana, una media judía que comúnmente y de forma despectiva le dirían "perro". Si en efecto para un no judío ese era el trato por parte de los judíos, en una buena parte significaría que con "buscar adoradores" hace referencia a los gentiles o mejor dicho, "no judíos". Así que cuando Jesús dice esto a un no judío, "Busco adoradores en espíritu y en verdad", y después nos abre el camino para entrar confiadamente al trono de la gracia con su muerte y resurrección, lo único que me dice es que cuando venimos a Jesús nos convertimos en esos adoradores que Él "buscaba", y de igual forma a los judíos que creen en Él.

En otras palabras ya no está buscando, porque ya los encontró y somos tú y yo, y todos aquellos judíos y no judíos que creen en Él y son hechos hijos de Dios por medio de Jesús.

Lo que nos falta hacer es vivir como esos adoradores en espíritu y verdad, demostrando todos los días que fuimos llamados de las tinieblas a la luz, de ser perros a ser hijos, ¿cómo no le voy a adorar?

¿Qué sucede con mi pasado?

Siguiendo con el tema de la guerra, y una de las luchas más grandes que tendrás como hijo de Dios es el tema de los pecados pasados. Sé que has escuchado que la gracia de Dios borra todos nuestros pecados cuando nos arrepentimos y los confesamos. En efecto Dios sí olvida nuestros pecados y los sepulta en lo más profundo del mar, los borra de nuestro libro si quieres decirlo así. Pero no son borrados de tu mente, esto es, que hoy puedes recordar ese día que robaste, mentiste, fornicaste o cualquier otra cosa que hiciste.

Los pensamientos y recuerdos pasados no los puedes borrar en el pensamiento terrenal, solamente en lo espiritual. Los vas a recordar por el resto de tu vida, y necesitas entenderlo así como es, de otra manera yo te diría que no recuerdo nada de mi pasado, como una especie de amnesia hacia la vida pasada, pero no funciona así, necesitas recordar de dónde saliste para proclamar a Aquél que te sacó de ese sitio y te dio libertad, necesitas recordarlo para ayudar a otros a que no caigan en la misma trampa, y ayudar a los que cayeron a fortalecerse y ser libres (Lucas 22:31-3). Es como decir que serás zarandeado como trigo por el diablo, pero una vez que estés de regreso, incluso tú ayudarás a fortalecer a otros.

El reto más grande que tendrás en tu vida será cuando puedas hablar de una manera común, sencilla y prudente de tu pasado terrible, de tal forma que no te afecte de ninguna manera recordarlo. Estoy convencido de que si hemos sido libres de verdad, el recuerdo de nuestros pecados pasados no tienen peso de condenación hacia nosotros y no nos apena más decir de dónde nos sacó el Señor, al contrario estamos abiertos y dispuestos a hablarlo para que aquellos que van por un camino semejante puedan ser prevenidos y eviten esas caídas que tanto daño nos hicieron.

Tu pasado es parte de ti pero no tiene dominio sobre ti, esa es la lucha que debes entender en esta parte, si aún luchas contigo mismo por cuestiones que has hecho o por tentaciones que aún tienes, te voy a dar la clave que te va a ayudar sí o sí.

Primero que nada háblalo con Dios, dile tu debilidad y no omitas el deseo que tienes por hacer tal o cual cosa, no quieras quedar bien o disfrazar tus deseos carnales puesto que Él conoce tu corazón y serías incoherente y deshonesto si no lo hablas como realmente es. Si has tenido deseos de hacer alguna práctica que no agrada a Dios y que sabes que es pecado, enfréntala como es, no le digas al Señor no quiero mentir o no quiero fornicar. Di la verdad, dile que te gustan tales o cuales cosas, que a tu cuerpo le gustan, pero que tú sabes que no las debes hacer y que estás dispuesto con Su ayuda a enfrentarlas y dejarlas. ¿Verdad que es muy diferente a la típica oración que hacíamos?

Segundo, busca una persona, de preferencia un líder maduro con quien te sientas en confianza, y pídele que te dé un tiempo para escucharte, cuando hables con él/ella no disfraces tu pecado ni tus deseos, háblalos como son, y no omitas nada, tampoco presumas nada, al contrario ve con toda humildad y exponle tus luchas.

Esto es lo que he aprendido que sucede cuando confiesas; logras liberarte al exponerlo, obtienes un testigo terrenal y muchos testigos espirituales de la confesión de tu pecado, obtienes que una persona madura ore por ti en medio de tus luchas y al mismo tiempo esa persona podrá con regularidad preguntarte cómo estás, y tú dar cuentas de tu progreso. Ahora bien, en tu lucha espiritual va a llegar un punto en el que vayas a la presencia de Dios a ofrecer honra y adoración, o en el momento en el que quieras compartir del amor de Jesús a otra persona, va a venir el acusador a recordarte lo que has hecho y tu pasado, pero ahora tienes tus armas espirituales bien adiestradas, tienes testigos de que fuiste libre y vas a callar al enemigo con el solo argumento de que no tiene autoridad sobre las cosas que están cubiertas con la sangre de Cristo que en efecto confesaste y de las cuales has sido perdonado.

"Porque no tenemos lucha contra sangre y carne, sino contra principados, contra potestades, contra los gobernadores de las tinieblas de este siglo, contra huestes espirituales de maldad en las regiones celestes.". Efesios 6:12

Por esto, mi querido lector, es necesario traer a confesión todo y no omitir nada ni disfrazarlo queriendo quedar bien, ya que muchos (en el espíritu) te vieron hacer lo que hiciste y sabrán lo que confesaste y lo que no. Tu mayor lucha interior será esta, decirte a ti mismo que has sido perdonado.

Puntos a considerar

Veamos algunos puntos que son referencias a lo que vivimos como hijos de Dios y cómo permitimos que la Gracia de Dios actúe en nuestra vida.

1.- Pedir perdón (Hechos 17:30). Todos podemos pedir perdón, ya sea que hayamos sido descubiertos en alguna acción mala o que por convicción nos acerquemos a confesar y buscar el perdón de Dios y de la persona que hemos ofendido. Pedir perdón puede hacer referencia al conjunto de palabras que usamos cuando buscamos en cierta manera reconciliación con la otra persona, es decir; "lo siento, discúlpame, perdóname, etc". Aunque las palabras no definen la realidad del arrepentimiento de la persona, la persona sí sabe claramente en su corazón cuando está arrepentido de algo y sencillamente es cuando decide no volverlo a hacer.

2.- Ser perdonado (Miqueas 7:18). Este punto lo da la persona que ha sido agraviada, y siempre iremos al Señor sea cual sea nuestro error. Quien nos ha perdonado cada vez que hemos venido a Él "sinceramente" arrepentidos, y con esto me refiero a que estando decididos y comprometidos a no volver a tomar las actitudes y decisiones que nos llevaron a ese pecado.

El perdón es como un regalo, se recibe y se atesora. Ser perdonado brinda libertad de tener que pagar por lo que hiciste, ya que si aún tienes que pagar moralmente por lo que hiciste, o aún te sigues condenando, claramente no recibiste el perdón.

Tan solo mira atrás a cada ocasión en la que cometiste una mala decisión, ¿cuántas veces te libró el Señor de ciertos castigos y muchas caídas? Ese es el resultado de que pediste perdón y fuiste libre de ese mal acto.

3.- Vivir perdonado (Romanos 12). Aquí estará tu mayor reto y desencadenamiento de poder en tu guerra espiritual. Este nivel requiere de infinita fe, ya que este es el punto en donde el perdón demuestra su efectividad, si aún después de que fuiste perdonado te retienes cada vez que piensas en lo que hiciste en el pasado, entonces, mi querido amigo, aún no has tocado fondo en tu fe al creer que fuiste perdonado, piensas que fuiste perdonado pero no crees que fuiste perdonado por que no vives en la libertad de alguien que fue perdonado. Te lo pongo de la siguiente manera, supongamos que tomaste este libro de la tienda sin pagar, o quizá lo descargaste de internet o te lo pasó un amigo, literalmente es un robo, y después de leer estas líneas tienes la convicción de que no estuvo correcto, por lo cual decides venir y hablar con el autor y pedir perdón por lo que tomaste que no era tuyo. Así que el autor decide perdonarte por lo que hiciste, esto significa que ya no tienes culpa por el pecado que cometiste, aunque es necesario reintegres el costo del libro. Pero si aún después de restituir el costo del libro, te pone una nota exponiendo lo que hiciste, ¿te perdonó realmente? No, ya que una vez que hemos sido verdaderamente perdonados, no hay lugar para la vergüenza. De igual manera, si vas a ver al autor con el dinero del libro y aunque parezca lo correcto se lo pagas pero no reconoces que lo que hiciste fue incorrecto, realmente ¿podrás recibir el perdón?

Así que, mi querido amigo, cuando perdonas no eres tú el que exigirá la restitución, aunque lo correcto es que cuando alguien venga arrepentido, pida perdón y restituya.

El punto es que si vienes y pides perdón de verdad por un daño que has ocasionado y la persona te dice que te perdona, definitivamente has sido perdonado.

Ahora bien, sucederá que en algún punto de tu carrera estés en alguna actividad quizá compartiendo o sirviendo y esté presente alguien que supo lo que hiciste mal, observa tu propia actitud, si aún sientes el peso de lo que hiciste y tiendes a bajar la cabeza, mi querido amigo, aún no has creído que has sido perdonado solo actuaste de manera religiosa. Para que el perdón actúe en su totalidad necesitamos creer que hemos sido perdonados y comenzar a vivir perdonados.

Los ejércitos

Cuando te hable de ejércitos quiero enfocarme en las luchas que hoy día libramos y que sin lugar a duda las hemos hecho nuestras, cuando en realidad nuestra lucha nunca debe ser contra personas mucho menos en contra de nuestros hermanos. Tristemente nos hemos encontrado con muchos hermanos de templos cristianos desilusionados por que otro cristiano le ha ofendido o herido.

¿Sabes que uno de los pecados más grandes que cometemos llamado orgullo, no se basa en la acción sino en la actitud? Y en ocasiones no nos damos cuenta de la magnitud de nuestras acciones y actitudes ante otras personas y hermanos de la familia de Dios. Por eso en esta vida te vas a encontrar con diversos templos y cultos, grandes y pequeños pensando que son los únicos a quienes Dios les habla y con la idea de monopolio de la presencia de Dios, por lo que al querer trabajar con otros grupos de iglesias diferentes a ellos es tan complicado llevarse bien.

En estos tiempos todos queremos reconocimiento, queremos llegar a ser algo y alguien, pero no se trata de que tú seas alguien, de otra manera estarías solo en este planeta como el único, lo impresionante es que Dios, Jesús no viene a buscar a un exitoso ministerio, mucho menos a un gran empresario o un profesionista, viene por su novia, la Iglesia, que incluye a todos aquellos que le han confesado con su boca habiéndole creído en su corazón.

Entonces ¿por qué peleamos? La respuesta es muy sencilla, ¡por orgullo! La gente se divide por orgullo (Mateo 19:8), el que pudo hablar no habló, el que pudo pedir perdón se quedó callado y al final todos pensaron que lo mejor era estar separados, y así sucede no solo en la agrupaciones si no de igual forma en los matrimonios, en las relaciones de trabajo, en las corporaciones y en cada lugar que visites durante tu vida es muy probable que te encuentres a alguien que quiere ser el mayor, el mejor, el primero y creará su propio ejército para manifestarse.

Jesús dijo: "aquel que quiera ser el primero deberá ser el servidor de todos" (Marcos 9:35), esta declaración no es muy agradable para el pensamiento de éxito humano, y esta es la razón por la que Jesús nunca va a encajar con el mundo, y por esto mismo tú y yo no vamos a encajar con el mundo si verdaderamente seguimos el ejemplo de Cristo.

¿Recuerdas la vez que te ofendieron y decidiste no tomar acción para defenderte, y la otra ocasión donde creíste que debías defenderte y así lo hiciste?

Podemos encontrar citas en la Biblia donde se nos enseña a dar la otra mejilla cuando nos ofenden (Lucas 6:29), y también encontramos que somos responsables, o sea, mayordomos de lo que

Dios nos ha dado de tal manera que cuidemos y guardemos la integridad de lo que se nos ha confiado.

Quiero hablarte de un principio que inició como un simple argumento, se trata de la lucha, la guerra que creemos que debemos pelear, contra nuestros enemigos, nuestros opositores, nuestros amigos y hasta en contra de nosotros mismos, llegando al punto en el que quisiéramos defender a Dios mismo.

Mi querido amigo, Dios no necesita quien lo defienda, Él es Guerrero valiente en batalla, nadie le hace frente.

Por eso cuando miro ejércitos humanos que se levantan a forzar su religión o su ideología a las demás personas, lo único que me dice es que su Dios no es tan poderoso como se ha planteado. ¿Qué Dios sería tan poderoso si necesitara que su creación o, mejor dicho, un ejército de humanos lo defendiera?

Por esto te digo aquellos que creen que pueden defender a su dios y lo intentan, lo único que están diciendo es que su dios es tan débil que no se puede defender solo, esos dioses no son poderosos. Dios no necesita un ejército humano que lo defienda, y tú no debes pensar que hay en tu poder la capacidad de defenderle, tu tarea es obedecerle así como Jesús obedeció hasta la muerte y la peor muerte posible (Filipenses 2:6-11), por lo cual Dios le ha exaltado hasta lo más alto y le ha dado un nombre que es sobre todo nombre, para que toda rodilla se doble y toda lengua confiese que Jesús es el Señor, el Salvador, el Hijo de Dios.

Nuestra lucha no se libra en la carne, cada vez que has peleado en la carne te has encontrado que esa lucha de carne es como un cáncer, que en vez de disolverse se hace más grande, se suma con la otra carne, y lo único que puede vencer a la carne es el espíritu, así como lo único que puede vencer al espíritu es la carne. Por esto te invito a que vivamos en el espíritu porque si por el Espíritu hacemos morir las obras de la carne, entonces podremos vivir (Romanos 8:13).

Sensibilidad

Te animo a que tu vida sea espiritual, llena de la presencia de Dios, no temas a ser sensible a su Presencia.

Has experimentado en muchas ocasiones la visitación, el poder y la manifestación de su Presencia, te lo pongo más sencillo, quizá escuchaste algún canto en una ocasión, y no te pudiste contener, lloraste, adoraste y te rendiste ante Su Presencia, sabías que Él te estaba tocando, incluso hablando. Pero hoy cuando escuchas la misma canción, el mismo mensaje o lees la misma porción de la Escritura y te das cuenta que dejaste de sentir su Presencia como la primera vez, ¿qué sucedió? Simplemente te acostumbraste a lo espiritual como si fuera algo común y dejaste de ser sensible a su Presencia, ya no te sorprende, ya no te ministra como antes, ya no toca los lugares que tocaba.

La solución es más sencilla de lo que parece, necesitas dejarte tocar por Él sin hacer preguntas, creer que Él quiere amarte y pasar tiempo contigo, y cada vez que sientas su Gloria por más mínimo que sea el sentimiento, debes disfrutarla como si fuera lo último y lo más grande del mundo, sorprenderte, llorar, reír y disfrutar. No dejes pasar esta oportunidad, hago este paréntesis para que te tomes unos minutos para ir a su Presencia, empieza a hablarle y a decirle lo hermoso que es Él para ti, tómate unos minutos, hazlo, aquí nos vemos para llegar al final del libro.

Algo que sucede cuando alabamos y adoramos

En este punto, aclaremos que el enemigo ya fue vencido por lo que hoy tú y yo, como hijos de Dios, tenemos la tarea de deshacer las obras del diablo (1 Juan 3:8), esta tarea es exclusiva para los hijos de Dios, que le han confesado y creído en Él. Y cuando digo que el enemigo ha sido derrotado me refiero a que cuando adoramos no estamos literalmente peleando contra el enemigo, más bien, le estamos recordando que ya está derrotado.

Es muy difícil que alguien derrotado celebre victoria, vayamos a ese recuerdo tuyo donde por alguna razón, quizá desidia, pereza o por falta de tiempo no lograste algún objetivo que necesitabas realizar y básicamente reprobaste la materia, perdiste un día de salario, fallaste en concretar alguna negociación, si recuerdas bien ese momento, no saliste de ese lugar danzando, gritando de gozo o celebrando, tenías la cabeza un poco baja, corría una lágrima por tu mejilla, te sentías sin fuerzas.

Todas y cada una de estas sensaciones están en el alma y debido a como te sentías no te era posible celebrar. Una de las claves de la adoración y alabanza es recordar continuamente la victoria de Jesús en la cruz, sobre la muerte, sobre las tinieblas, sobre la enfermedad y sobre el mismo diablo. Si olvidas esta parte crucial o lo tomas solamente por un hecho histórico que viviste en un evento o en una etapa de tu cristianismo podrías estar inclinado a perder la esencia de la adoración y tu disposición a alabar con todas tus fuerzas.

Cuando recordamos la victoria de Jesús, no importa cómo estuvo tu día, no importan tus logros o tus caídas, te paras sobre esa victoria que tienes por medio de Él y te levantas nuevamente a recordarle al enemigo que aunque estás en un desierto, no estás perdido, aunque estás desempleado no estás mendigando, aunque te estás hundiendo no te estás ahogando, tienes la victoria de Jesús en ti (1 Corintios 15:57).

Tú y yo merecíamos la muerte, estábamos caminando por un pasillo oscuro mirando de lejos al verdugo, quien sin una muestra de misericordia solo rondaba esperando su momento para ejecutar sobre nosotros juicio, teníamos la soga puesta en el cuello y no había espacio para últimas palabras solo los más fríos últimos segundos de tu vida, de repente hubo la orden de ejecución y sonó, escuchaste el tensar de la cuerda, el gruñido sordo, el respiro perdiéndose, pero tú aún seguías de pie, ¿estabas en el paraíso? O quizá todo había sido un sueño, un terrible espectáculo del cual al fin habías despertado, alguien removió la bolsa de tu cara y quitó la mordaza de tu boca y te dijo algo como: "Puedes irte, alguien inocente se puso en tu lugar".

Nunca conociste al hombre, solo viste su cuerpo colgado, y seguiste con tu vida, hasta que un día se presentó a ti en vida, aquel que había jurado por sí mismo a Abraham cumplió su juramento al morir, tomando tu lugar pero ahora vivo y viviendo para siempre.

El hecho es que aunque tu destino era morir, no tuviste que morir, alguien tomó tu lugar, hoy no tienes que danzar sobre la injusticia, ni para machacar la cabeza del diablo, mucho menos para hacer guerra espiritual como muchas veces creímos, tú danzas porque recuerdas y afirmas que alguien ya venció a la muerte, tomó tu lugar y te dio la oportunidad de vivir eternamente, ¿cómo no danzar? Si tienes presente esta verdad en tu vida, cómo no darle toda la gloria a tu Dios, si te ha librado y ahora en vez de pelear solo vives en su victoria, o ¿realmente vives en su victoria? Esta es una revelación en la vida de aquellos que amamos y somos hijos de Dios, que nadie necesita forzarte ni manipularte a danzar o adorar, simplemente recuerda que estabas en la lista para ser ejecutado y Jesús se puso en tu lugar. Y si por alguna causa estás en una situación difícil en tu vida, haz uso de tu fe, y dale la Gloria al Señor en medio de lo que estás viviendo, creyendo que ya eres más que vencedor, corrige lo que tengas que corregir y cree que ese empleo está a una puerta, la sanidad está a un paso, el milagro está en proceso.

Mira este hermoso relato en la Biblia cuando el rey David regresa a Jerusalén con el arca y danza con todas sus fuerzas (2 Samuel 6), de tal manera que parecía un loco, sus ropas se le caían ya que le estorbaban para danzar, hoy día no quieres ni despeinarte cuando entras a la alabanza en tu reunión, prefieres guardar el aroma de tu loción que cualquier cosa. David danzó tan intenso que su misma esposa lo menospreció, y le reprendió. La respuesta de David fue muy sencilla, le dijo a su mujer: "Yo no merecía el reino, yo cuidaba ovejas, sin embargo Dios me eligió en lugar de tu papá, ¿cómo no voy a danzar para Él?

Aparte, déjame contarte algo, hace unos días me encontraba en el campo de batalla, con unos cientos de hombres enfrentándome a miles, miré cómo Dios venció por mí, yo debía morir en tantas batallas, sin embargo Dios me libró y aún más, me dijo que me sentara y comiera mi torta en medio de la batalla, en presencia de los que buscaban mi muerte, y vi como Él me libró, ¿cómo no voy a danzar para Él? Mejor aún, me haré más vil, no necesito mi corona para danzar, me estorba, mucha ropa fina me hace lento para danzar, es más, no necesito verme bien, o verme como un rey impresionante, Dios me sacó del campo, de cuidar animales y me hizo Rey, el día que me pida volver a cuidar ovejas lo haré con gusto, solo que no quite de mí su Espíritu. Querida Mical, me gustaría tener hijos contigo, pero si los educas a la forma de Saúl tu padre, nunca conocerán a Dios como yo lo conocí, no pararé de danzar a mi Dios, porque recuerdo todo lo que hizo por mí, incluyendo darme todo el botín de las victorias que Él mismo peleó por mí".

Estimado lector, he parafraseado un poco, pero entiendes la idea, cada vez que alguien libra una guerra, hay un valor en disputa, ya sea tierra, valores, tecnología, petróleo o cualquier otra cosa. Lo interesante aquí es que el que gana la guerra se queda con el botín y el que pierde la guerra, paga gastos, pierde el valor en cuestión y se somete al que le venció.

Tú y yo no necesitamos pelear por algo que ya fue ganado, es más, no tenemos que mendigar un botín de una victoria, porque aquel que ganó la victoria nos ha dado junto con Jesús TODAS las cosas.

Para nosotros no fue necesario pelear, no fue necesario arriesgar algo, estuvimos de pie mirando la lucha y vencimos sin mover un dedo. Ahora es tiempo de despertar a los verdaderos adoradores que el Señor ya encontró, y ese, mi querido lector, eres tú.

Para concluir

Tienes la capacidad de adorar y alabar a Dios, no por la tendencia de este mundo ni por los gustos de las personas, sino con la convicción de una revelación tan sencilla, recibiste de Gracia, entonces de Gracia también puedes dar, y una alabanza excelente que no importa quién te mira o el lugar donde te encuentras, puedes levantar tus manos en el camión o en el avión, en la calle o en la escuela, si te paras en el entendimiento de que merecías morir y alguien se puso en tu lugar, y con eso te dio la victoria, juntamente con todas las cosas.

¿Cómo podrás esperar otra vez que alguien te anime a alabar a Dios? No creas que Dios cambia, Él sigue siendo digno de ser exaltado, y alabado, no dejes de proclamar quien es Él y lo que hizo por ti.

www.pacocook.com pacoandcindi pacocook@club.coach

www.ingramcontent.com/pod-product-compliance
Lightning Source LLC
LaVergne TN
LVHW091142080826
845145LV00008B/2233

* 9 7 8 6 0 7 7 7 1 7 3 9 3 *